天皇と日本人

「皇室の危機」の本質はどこにあるのか

山折哲雄

大和書房

天皇と日本人

「皇室の危機」の本質はどこにあるのか

目次

第一章　皇位継承の意味するもの

第二章　象徴天皇制を考える

第三章　日本人の死生観と天皇

「皇室の危機」の本質はどこにあるのか

――まえがきにかえて――

「皇太子退位論」が招いたさまざまな反応

国の根幹が、深いところで揺れている。ここしばらく、そのように考えていたことが論文を書くきっかけとなりました。たまたま『新潮45』の編集部からの依頼があり、それではと、腰をあげたのでした。この雑誌の二〇一三年三、五月号に「皇太子退位論」を寄稿することになったのであります。

今回、私がなぜその雑誌に「皇太子退位論」を寄稿するに至ったのか、そのいきさつについて申しますと、宗教学という研究を長年やっておりまして、その間、私は天皇という存在がいったい何であったのか、ずっと考えつづけてきました。それをめぐって論文やエッセイを発表してきましたので、それが契機になったのでしょう。二〇〇五年に「皇室典範に関する有識者会議」が設置されたとき、その場に招かれ、天皇制の核心に関する見解を述べ、その関連で、女性天皇や女系天皇を認める意見を述べたのでした。それからしばらく経ち、二〇一二年一〇月になって、政府が皇室典範見直しに向けた論点を整理して発表しましたが、その後議論は一向に進展しておらず、私のなかで危機感と憂いの気持ちが深まりました。そんな折に、雑誌からの依頼があって、それに応じて発表したのが「皇太子殿下、ご退位なさいませ」（『新潮45』二〇一三年三月号）という文章だったのです。

この論文の発表後、いろいろな方面から忠告や助言や感想が寄せられました。そのほとんどが、用心しなさいとか、注意しなさいという懸念を示す言葉、言葉、言葉でした。正直いって、こういう人までそんなことを言うのかと思いました。懸念を示すアドバイスの範囲が非常に大きかったのです。私の論文の中身を読んでいない人もいれば、読んでからの人も含めて。よくぞここまで言ってくれたとか、勇気ある発言だったねという、そういうご意見もありましたが、保守、リベラル、あるいは左翼寄りの人も含めて、やはり懸念や心配を示す声のほうが圧倒的に多かったのです。これは予想もしないことでした。直接私に電話をかけてきているわけですから、それは決してネガティブな意味でいっているのではないのです。驚いたことに、若い世代の教え子たちまでがそうでした。まったく同じような反応でした。

そのとき本当につくづく思ったのは、わが国の社会では皇室問題・天皇問題は、依然としてある種のタブーの膜に覆われているということでした。その上で現実には、その膜が外からは見えないような仕掛けになっている。あるいは、そのことを見て見ぬふりをしている。これは敗戦直後とか、あるいは今から二、三〇年前ぐらいの段階でなら、わからないわけではないのですけれども、これだけ皇室の世界が国民に開かれた時代になっていて、なお一皮むけばそのような状態になっていたということが、意外でもあり驚きでもあったのです。ところがメディアの報道が、それこそ週刊誌レベルで言えば異常なまでに過熱化しているわけです。加えて、きわめて非礼、不作法としかいいようのない報道が、あらぬゴシップ記事も含めて結構多い。そういう状況が、一方でメディアの側で許されているにもかかわらず、社会全体としては依然としてタブー視する雰囲気がそこはかとなく漂っていることに、あらためて気づかされたわけであります。そのことを踏まえていいますと、私としては正面からまじめに論じたつもりだったし、覚悟もしていた。ところがそれに対して、そういう懸念や心配をいろいろな方面から示されたとき、正直いって本当に面食らってしまった。この社会はいったい何なのか、と思った。日本社会、日本人の心の奥の世界が本当のところわからなくなった、という気持ちであります。

現在の皇室は明らかに危機に瀕している、それに関して何かを発言しなくてはいけない、逃げているばかりでは何のために専門に研究してきたのかと、自分自身に問いかける自責の念のようなものもないではなかった。皇室に対して物申すことは恐れ多いことではあるけれども、かといってその危機を見て見ぬふりをするのは、責任回避ではないか、卑怯ではないか、そういう天の声らしきものもきこえてきた。

右寄りの人々から「不敬の発言」とか「とんでもない暴論」という批判も受けましたが、しかしそういうきまり文句のような言葉を投げ合うだけでは、問題は深化もしなければ解決もしません。私は、そうした表面的で浅薄なイデオロギー的なレッテル貼りを取り除いて、現実の危機はどこにあるのかという観点から、本質を見極めることが、今こそ必要ではないかと思ってきたのです。それが現実のわれわれの社会では、右であれ左であれ、どうもそうはなっていないらしい、そういうことが今回身にしみてわかりました。皇室の危機についてはもちろんのこと、日本の本当の危機は、むしろそちらのほうにあるのではないか、と考えるに至ったのです。

象徴天皇制の政治史における客観的位置づけ

私はさきの論文のなかで次のように述べております。

私はかねて、日本のこれからの天皇制のあり方を考える場合、すくなくとも二つの大きな問題があるだろうと思ってきた。一つが、戦後民主主義と（象徴）天皇制の関係をめぐる問題であり、もう一つが、皇室における「象徴家族」の性格と民主主義的な「近代家族」の性格にかかわる問題である。

ここで、読者の方にわかりやすいかたちで、この文章の要ともいうべき天皇制をめぐる戦後民主主義の問題と、「象徴家族」および「近代家族」の関係、あるいは矛盾についてあらためて述べておこうと思います。

その前に自分自身のことに少し触れておきます。私は敗戦のとき旧制中学二年で、戦争中はごく普通の軍国少年でした。戦後、民主主義の時代になってあっという間に民主主義少年に転換した人間の一人です。戦後を解放の時代と受け取った世代といってもいい。そういう意味では、私には戦後民主主義の申し子みたいな面があるわけです。ところが、戦後まもない時期だったと思いますが、そのころは戦後の民主主義と天皇制の両者の関係は、私を含めて多くの国民の心情のレベルでは互いに矛盾し対立するものと意識されていたように思います。天皇の「人間宣言」以後のあり方を含めても、ある意味でその両者は本質的に対立していると受け取っていた、少なくとも私の目にはそう映っていた。時代の流れもそうだったと思います。つまり、いろいろな国民の思惑が混じり合った政治的な状況のなかで、天皇制がかろうじて維持されているという感じでした。何しろ時代はすでに国際社会の流れに応じて民主主義の世界に移行し始めている。にもかかわらず戦後の日本は、たがいに矛盾・対立する二つの原理を同時に腹中に飲み込んだまま進行しているという意識がありました。

ところが、それから三〇年、四〇年そして半世紀を経て、はっと気が付くと、この二つの矛盾していたと思われたものが、結構調和がとれるような状況になっていたのではないかということです。その間に、いつの間にか大きな変化が生じていた、といってもいい。それと、世論調査をすると若い世代を含めて天皇制を支持する、あるいは皇室のあり方を支持する、そういう意見が非常に多くなっていた。これはもう政治状況の大きな流れが変化しはじめていると思わざるを得ない、そう考えるようになったのです。

このようにいつの間にか調和がとれたかたちになる上で、非常に大きな役割を果たされたのが現在の天皇皇后両陛下の存在だったと思うのです。それは「国民に開かれた皇室へ」という、昭和天皇が戦後になって歩まれた道をさらに進めたり深めたりして努力されてきた、その結果だったのではないでしょうか。

この変化というものを、あらためて大事に考えていかなければならないだろうというのが私の第一の立場です。なぜなら、象徴天皇制というのは、今日の世界における政治や統治のあり方を見渡すとき、もっとも持続力のある、安定的な統治のあり方を示すパターンではないかと私は考えてきたからです。世界の歴史からも学んで、私はそう判断してきたのです。

例えば、しばしば立憲君主制のモデルとされるイギリスと比べても、それからフランスの大統領制やアメリカの大統領制と比べてもなんら遜色のない、持続性のある伝統的な統治システムであるといってもいいと考えてもいました。ただ、あえて申しますと、そのような問題をこれまでの国際政治学者や政治学者は、かならずしも比較研究のようなかたちでは研究したり発表したりしてこなかった。そのことを客観的・学問的にきちんと比較してこなかったのではないか、そういう不満の気持ちを私はかねてから抱いていました。なぜ、そのような比較をしてこなかったのか、ということ自体の問題性も本当は考えなければならないわけです。もちろん、象徴天皇制という統治システムはその他の共和政体と比べても非常に長い生命力を持っており、それらの問題を考えていくと、政治史における象徴天皇制の客観的な位置づけという仕事がいかに大切なことかがわかるはずなのですが、それがなされていなかったとも思う。もしもそういう研究のつみ重ねがあれば、例えば過去における、平安時代の三五〇年、江戸時代の二五〇年、という長期にわたる平和の時代がなぜ実現可能だったのか、といった問題を考える糸口にそれはなったかもしれない。なぜならこのようなテーマは当然、歴史上の天皇制の問題ともかかわりがでてくるからです。

ところが日本の歴史学も政治学も、もちろん宗教学も含めて、そういう仕事に目を向ける人はほとんどいませんでした。これは研究者の怠慢以外の何物でもないと思うようにもなったのです。そのように全体を総合的に考えてみますと、さきに述べたような戦後民主主義と象徴天皇制の二つの原理が、調和がとれてきたということの意味を問うことは、単に戦後だけの問題ではない。日本の歴史、その一〇〇〇年の歴史のなかできちんと考えておくべき問題だったのではないか、——それが長い間持ち続けてきた私の問題意識でした。

ところが、その両者の調和の取れたバランスが、最近になって危うくなってきている、そのような状況があらわれ出てきた。皇位の後継者問題も含めて、危うい揺れのようなものが生じている。とりわけ戦後史のなかで、この辺で一遍立ち止まって、じっくり考えてみる必要があるのではないか、とりわけ戦後史のなかで、検証し直してみなければならないだろうということです。それをきちんとやらないと、今の危機的な状況を乗り越えることはできないかもしれないと思いつめるようになったのであって、そういう意味でさきの論文は、私なりの危機意識のあらわれでもあったわけです。

「象徴家族」と「近代家族」の矛盾

二番目に考えたのが、皇室における「家族」の問題でした。根本的なこととしていえば、それを個別・具体的に、そして人間の問題として考えるとどういう問題が生ずるのかということでもありました。まず、皇族お一人おひとりのあり方として、当然「象徴家族」としての側面が浮かびあがってくるでしょう。個人としての自由、平等の権利を行使する以前に、歴史の中で果たしてきた象徴天皇制を担う家族としての役割です。その象徴家族としてのあり方と、もう一つが現天皇皇后両陛下が同時に求めてこられた、近代家族としてのあり方であり、そのような家族を皇室のなかでどのようにしてつくりあげていくのかという問題であります。もちろんお子さん方の教育はご両親、つまり天皇皇后両陛下が直接、率先してなさってこられた。側室制度はすでに廃止されているわけで、近代家族的なあり方、その理想のあり方というものに近づこうとされてきたわけです。国際社会でも通用するような形での家族の形成といってもいいでしょう。

けれども現実には皇室の場合、右に挙げた二つの家族のあり方を同時に実践しようとすると、当然そこにいろいろなきしみが生じる。場合によってはその家族をめぐる二つの理念が矛盾し対立する場合も出てくる。それを全く避けることはできないけれども、しかし、その対立し矛盾するものを、できるだけ調和する形で統合しようとされてきたのが戦後の現天皇皇后の生き方だったわけです。象徴家族としてのあり方と近代家族としてのあり方を、何とか調和のとれたかたちにするよう努力され国民とともに歩むというお考えから、そのような道を選択されてきたわけです。

ところが、両陛下が努力されてきたその道筋が、皇太子夫妻との間ではかならずしもスムーズに受けつがれていないのではないのか。それを疑わせるようなことが宮内庁のなかからも伝えられるようになりました。と同時に、そのような状況をこんどはいろいろなメディアが真偽とりまぜたような憶測を含めてさまざまに報道するようになった。これはやはりどうにかしなければならないのではないかという思いが胸元をつき上げてきたのであります。しかも、日本の一部のメディアは、せっかく開かれてきた皇室の世界に対して、むやみに手を突っ込んで、かき回し始めているという面がないではない。例えば皇太子夫妻が宮中祭祀に参加できないような状況が伝えられると、それが瑣末なことがらを含めていつでも話題にされるようになっている。公務と宮中祭祀への不参加が取り沙汰され、そのためとりわけ雅子妃殿下への非難が目立つようになった。一方で「新しい公務」のあり方ということがいわれるようになった一面があるにはあるけれども、しかしその実態はかならずしも目に見えるかたちで議論されているわけではない。にもかかわらず、そこを集中的に批判するようなメディアの発言が高まってきている。はたしてこのままでいいのだろうか。せっかく戦後の半世紀をかけて築き上げてきた民主主義と象徴天皇制の調和の関係に、いろいろなかたちでひびが入りはじめている。そのまま放置していると、天皇制の存在理由それ自体を危うくするような状況が生ずるかもしれないのではないか。そのように考えるようになったのであります。

このたび、私があえて「皇太子退位論」なるものを雑誌に発表するに至った経緯をかいつまんで申しますと、以上のようなことになります。ただそのような問題をこんどの雑誌論文のかたちにする上では、きっかけになることがありました。というのも、たまたま朝日新聞社の皇室担当編集委員を長いあいだ務められた岩井克己さんと『週刊朝日』誌上で対談することがあり、そのときの私の発言のなかでさきに記した内容のことを申し上げたからでした。

また論文を雑誌で発表したあと、いろいろな反響が寄せられましたが、それに応ずるような形で、こんどは『文藝春秋』誌上で保阪正康さんと対談する機会がありました。そのなかで、論文では書きもらしたこと、言い足りなかったことを話題にしました。

それが機縁となって、このたび私の旧著『天皇の宮中祭祀と日本人』（日本文芸社、二〇一〇）を大和書房が取り上げて下さり、あらためて『天皇と日本人』と改題して再刊していただくことになりました。それでこの機会にぜひとも、ということになって、さきのお二人との対談も本書に収録させていただくことになりました。

転載をお許しいただいた岩井さんと保阪さんには心からお礼を申し上げる次第です。また大和書房編集部の佐野和恵さん、同編集部ＯＢの小川哲生さんにはこのたびの出版に際して大変お世話になりました。あわせて感謝の意を捧げたいと思います。ありがとうございました。

平成二十五年八月四日

洛中・芦刈山にて

山折哲雄

序章

世界のなかの象徴天皇

現代によみがえる「王」

日本の「天皇」のことを考えるとき、私はいつしか世界の諸国における「王」の存在に、つい想像をめぐらすようになっていた。もうすこしいえば、日本の現下の「象徴天皇」を異国の君主制や大統領制、そして場合によっては社会主義的な共和制などとも比較してみる、という企てである。

もちろんそれはすべて私の力には余ることで、本格的に論ずることなどできるわけはないのであるが、若干の思いつきのようなもの、感想のようなことならないわけではない。ここではそのいくつかのエピソードを連ねて、いま考えていることの一端を述べてみることにしたい。

いささか旧聞に属するが、一九八八年五月、フランスで大統領が再選をはたしたのだが、日本のある新聞のコラムに、それを論評するつぎのような記事が載った。

フランスには、かつて三人の王がいた。一人はルイ一四世、二人目がナポレオン、三人目がド・ゴールであるが、ひょっとすると、今度ミッテランが四人目の王になるかもしれない……。

私はこの記事を読んで、なるほどと思った。しかし、その予言めいた指摘はおそらくあたるまいとも思った。なぜならド・ゴールが「王」になることはあっても、ミッテランが「王」になるとはとても思えなかったからだ。

ド・ゴール将軍の輝かしい経歴については、あらためてここに記すまでもない。彼はフランス救国の英雄として、いまだに多くの人々によって語り伝えられている。そのド・ゴールが功成り名遂げて、完全に政界から引退したのが一九六九年だった。

ところが、フランス国民は彼をそのまま放っておきはしなかった。中央政界の大物たちが、彼の隠遁《いんとん》先のコロンベという田舎に巡礼のように訪れるようになったからである。ド・ゴールの権威は、引退してもすこしも衰えることがなかったわけだ。

その権威は、彼が一九七〇年、七九歳でその地で死んだのちも続き、やがて意外な展開をみせるようになる。それというのも、彼の死後一年もたたないうちに、そのコロンベの地につくられたド・ゴールの墓に、それこそ大勢の巡礼者が参詣するようになったからだ。こうして年間一〇〇万人に及ぶ巡礼者がそこにやってくるようになったのである。

私はそのコロンベに、一九九七年五月一二日に行ってみた。パリから友人の車で三時間足らずのところだった。人家が三〇〇棟ほどの小さな村だったが、ド・ゴールが家族とともに住んだ邸宅が記念館になっており、そのそばに教会と墓地があった。墓地の敷地は狭かったが、ド・ゴール将軍の質素な墓が妻と娘のそれとともに並んで建っていた。

驚かされたのは、そのド・ゴールの墓に、わが国でいえばさしずめ絵馬のようなものにあたる奉納物が捧げられ、山積みになっていたことだった。その多くは在郷軍人たちが持ち寄ったものらしかったが、やがていろいろな病を持つ患者たちがその墓にやってきて快癒を祈るようになった。そういう人々の流れが自然にできあがっていったという。

コロンベの地に眠る彼の墓地が、巡礼者を集める「聖地」になったのである。ド・ゴールのカリスマが人々の心を引きつけ、その祈りの心に超自然的な作用を及ぼしはじめたといっていいだろう。

ド・ゴールの政治家としての「権威」が、死後その威力を膨張させて「霊威」へと転化する奇跡が生じたとみることができるかもしれない。ド・ゴール将軍はこうして、ルイ一四世やナポレオンと並ぶ第三の「王」として、名実ともに霊威にみたされた新しい身体を獲得したのではなかっただろうか。

そのとき私が思い出していたのが、一九九〇年の七月一一日にモスクワの「赤の広場」を訪れたときのことである。ソ連の崩壊前後にあたる時期で、クレムリンでは最後の第二八回共産党大会が開かれ、ときの大統領ゴルバチョフ氏が激しい批判の十字砲火をあびていたことが忘れられない。

私は、レーニン廟《びょう》に入るため延々長蛇の列に加わった。一時間ほど待ってなかに入り、二八段を数える階段を下りてその大きな部屋に入った。ガラス張りの大きな棺《かんおけ》のなかに、漆黒の背広を着てネクタイをつけたレーニンが横たわっていた。その顔の表情が、つい昨日まで生きていたかのようにつやつやしていたことが記憶によみがえる。

レーニンもまた、その死後、革命政府によって「霊威」を担保され、ソ連人民、そして今日のロシア国民によって祭壇に祀《まつ》られ続けてきたのである。

フランスの「王」もソ連・ロシアの「王」も、この現代世界においてともにその「霊威」によって国民統合の象徴とされ、権威の源泉と考えられているらしいことに、あらためて胸を打たれる。その彼らの霊威＝カリスマが、ときに生々しい霊の存在を象徴するものとして、人民や国民の心のうちにある種の畏怖の念を喚起してきたように思えてならない。

それにつけて私は、日本の象徴天皇制や皇室のあり方についても、こうした霊威の発現という問題から考えてみることがよくある。それがたとえフィクショナルな理念であったとしても、そこには王権というものにひそむある種の普遍的な意味があるわけであって、そのことについても考え込んでしまう。

皇室もしくは王室のあり方を法律的な問題として、あるいは政治的な課題として議論することももちろん大切なことだ。

けれどもそれと同時に、皇族や王族には象徴家族と近代家族の二重の意味が込められているのであって、そういう観点から象徴天皇制という王権の性格を、先にもいったように異国の君主制や大統領制、そして共和制などと比較することも必要なのではないだろうか。

つまり、王権と霊威の関係をどう考えるかという問題である。わが国においてそれは、とりわけ天皇即位の場合におこなわれる「大嘗祭《だいじょうさい》」（おおにえのまつり）儀礼ということになるが、この課題を、世界史的な視野のもとにというか、文明論的な観点からどのように位置づけるか、ということにもなるのである。

レーガン元大統領の死

話は変わるが、アメリカのロナルド・レーガン元大統領が肺炎のために死去したのが、二〇〇四年六月五日のことだった。九三歳だった。

柩《ひつぎ》は九日夕、大統領専用機に使われる空軍のジャンボ機でカリフォルニア州から首都に運ばれた。ホワイトハウス前から約一〇〇年前の馬車で連邦議会に移され、一八六五年のリンカーン大統領の国葬で使われた柩台の上に安置された。議会内に安置された大統領は、レーガンで一〇人目とのことだった。

一一日午前一〇時四五分、星条旗に包まれた柩は、安置されていた連邦議会を出発して、約七キロ離れた国立のワシントン大聖堂に向かった。この日、首都ワシントンは元大統領との別れを惜しむかのように小雨が降り、厳粛な追悼ムードに包まれたという。

国葬を終えたあと、遺体は同じ日の夕刻、地元のカリフォルニア州シミバレーにあるレーガン大統領記念図書館に戻された。その敷地内の太平洋を望む場所に、日没とともに埋葬するためだった。

夕日の当たる丘では、賛美歌の名曲「アメイジング・グレース」をバグパイプで演奏する手はずが整えられていた。ときのブッシュ大統領も、ワシントンにおける国葬での弔辞のなかで、「今晩、カリフォルニア州の海岸沖に日が沈むとき、偉大なアメリカの物語が終わりを迎える」といって、その死を惜しんだ。

その偉大な元大統領の死と葬儀を演出するにあたって、アメリカは朝野をあげてみずからの誇りと勇気を取り戻したかのような印象を世界に与えた。その結束と連帯を再確認するかのようなマスコミあげての動きは、もしかするとあの「9・11の悲劇」の日以来のことだったのかもしれない。イラク戦争につまずいていたアメリカにとって、元大統領の死は暗雲に閉ざされている世界に一条の光が射し込む瞬間だったのかもしれない。

そのレーガン元大統領が、じつは一九九四年にアルツハイマー病を患って以来、自宅で療養を続けていたことはよく知られている。そのとき氏はその事実を率直に公表して、政界を引退した。

その翌年の正月を迎えたばかりのことだったと思う。元大統領の伝記作者エドムンド・モリス氏が、雑誌『ニューヨーカー』でこんなことを書いていた。「上品な話しぶりはいまで通りだが、私は彼に別れを告げることにした」と。

私はこのモリス氏の言葉に触れて、おやっと思った。なぜなら「私はアルツハイマー病である」という元大統領の言葉に、当時、勇気ある告白として内外から賞賛の声があがっており、それに対して、モリス氏の言葉があまりによそよそしく響いたからである。私はむしろ、「いま、私は人生の落日に向かって旅立つ」といっていた元大統領の言葉に感銘を受けていたからだ。

だが伝記作者のモリス氏は、この大切な友人に「別れを告げる」ことにしたと書いている。レーガンの話しぶりはまだ上品さを保ってはいるけれども、しかし相手が誰であるかがわからなくなってしまった以上、彼に別れを告げて去るほかはない、といっている。

レーガンという友人が生きながら一個の人格であることをやめたとき、その人間との交流を打ち切り、告別するといっているのである。それは親しい人であるからこそ決断された苦渋に満ちた選択だったのであろう。

しかしそれにしても、他者の識別能力が失われたとき、その友人（大統領）に向かってなぜあらためて別れを告げなければならないのか、それが私にはわからなかった。そのような人間観に強い違和感を覚えたのである。

そのとき、私が念頭によみがえらせていたのが、わが国における「殯《もがり》」儀礼の伝統だった。ヒトが死の状態を迎えたとき、その遺体をそのまま地上に安置して、魂呼《たまよ》ばいなどの儀礼をおこなう風習のことである。生理的には息を引き取ったあとでも、かならずしも社会的な「死」とは認めない期間を留保したのである。死と生のあいだにゆるやかな継続性を認める人間観・死生観といってもいいだろう。

そしてこのような人間観にもとづく天皇の即位儀礼が、わが国においては記紀・万葉の時代からおこなわれ、それは本書でもくわしく論じているようにわが国近代の明治天皇の「死」の場面でも、その「殯」の観念が生き続けていたことに注意しなければならない。王権の継受をスムーズにおこなう観念装置として生き続けていたわけである。

話を戻すと、元大統領の「告白」があってから三年後のことだった。一九九七年の一一月にたまたまワシントンを訪れる機会があった。そのときジョージタウン地区にあるワシントン・ナショナル・カセドラルにも行った。そのまま訳せば「国立ワシントン大聖堂」となるが、レーガン元大統領の葬儀がおこなわれたところだ。それはゴシック様式の見上げるような堅牢な建物だったが、その建設を発案したのがじつは初代のワシントン大統領であった。

だがこの案は、当初議会の反対にあい、それが承認を得て実現に至るまで、じつに一世紀余の時間がかかったのだという。政教分離の論争が延々と続いたからだった。こうして、ようやく一八九三年になって「国立」の大聖堂として建設されることが決まったのである。

私が訪れたのは一一月二七日で、ちょうどアメリカの感謝祭にあたっていた。大聖堂では式典がおこなわれていた。神への賛歌が捧げられ、荘重な説教が続いていく。

そして終わりに在俗信者代表による力のこもった演説がおこなわれた。その内容はアメリカの建国からはじまり、ベトナム戦争の悲劇に至る歴史上の数々の事件に言及しつつ、最後に世界の平和を希求するという堂々たるものだった。なるほど、「国立大聖堂」とはそういうものかと、その種の施設が皆無の日本と引き比べて感銘を受けたのである。

レーガン元大統領の死去に触れて、私がはからずも思い起こしたのが以上のような事柄だった。その思い出の底にわだかまっていることをあえて言葉にして表現してみると、「人間の人格」とは何か、「国のかたち」とはいったい何か、ということになるであろうか。

象徴天皇制とデモクラシー

戦後、わが国において新しい憲法が制定された。その理念にもとづいて今日の「象徴天皇制」の基礎が定められたことは周知のことだ。

戦後まもなくのころは、昭和天皇の戦争責任の問題も含めて、天皇は「退位」して責任をとるべきだとする意見も論じられるようになった。そもそも天皇制とは、たとえ新憲法下ではあっても、占領軍によって新しく導入されたデモクラシーとは矛盾するものではないか、という懸念と批判が、社会の底流には色濃く残っていたと思う。

新憲法制定のプロセスでは、すでに天皇による「人間宣言」が発せられ、戦前からの「国家神道」を解体する政治的な動きが強まっていた。「政教分離」の政策が強力に推し進められるようになっていたのである。

今日の目からすれば、この「政教」を分離しなければならぬとする理念は、戦後の象徴天皇制も、新しい時代のイデオロギーとしての「民主主義」の政治理念と分離しておかなければならぬとする考え方と連動し、重なっていたような気がする。世論の大きな流れもその方向に傾いていたのではないだろうか。

その意味においては、戦後に新しく誕生したばかりの象徴天皇制は、いまだ戦前の旧天皇制の残影を引きずっているようなところがあったのである。

しかしながら戦後の半世紀を経て、そのような象徴天皇制とデモクラシーの関係はかなりの程度、変化をみせるようになったのではないだろうか。

昭和天皇による全国ご巡幸、現天皇と美智子皇后のご成婚など、皇室の側からする開かれた皇室のあり方が国民の前に示されたということももちろんあったであろう。そのうえ、世界情勢の進展とともに戦前のことを知らない新しい世代が登場してきたということも重要な契機になったにちがいない。

ともかくも気がついてみれば、象徴天皇制とデモクラシーがわれわれの政治の上においても生活感覚の面においても、相互補完的な安定軌道に乗りはじめていたのではないだろうか。

言葉としては必ずしも熟していないかもしれないが、戦後民主主義と象徴天皇制が矛盾をはらむ緊張関係から、調和のとれた穏やかな関係へと推移していたといってもいいだろう。

戦前の「国家神道」にみられる「政教一致」的なものへの復帰を疑わせるような懸念が払拭《ふっしょく》され、戦後的な「政教分離」を担保する象徴天皇制の軌道がしかれるようになったということだ。

日本の「国のかたち」がそのような方向でしだいに浮かび上がってくるようになったとき、象徴天皇制に対する国民の安定的な支持も広がりはじめたとみることができるであろう。

もしも右のように、ほぼ戦後六〇年の見取り図を描いたとき、そこからは皇室にとってはもう一つの危機的な状況があらわれてきたような気がする。現在の皇室、すなわち戦後の天皇家に当初から内在していた、「象徴家族」としての顔と「近代家族」としての顔を、いったいどのようにバランスさせるか、という新たな問題が生じてきたと思うからである。

象徴天皇制の核となるものが皇室の「象徴家族」としての役割にあることはいうまでもないが、そのような側面に対して同時にその「近代家族」的な理念と心情を支えていたのが戦後的デモクラシーであったからである。そしてこの問題は、すでに触れておいたように、戦後における象徴天皇制を、新しく導入されたデモクラシーとどのようにバランスさせるかという課題と深くかかわっていたのである。

もう一つ、ここで考えておきたいことがある。今日、世界の各地で、国家と民族、または国家と宗教の対立、葛藤《かっとう》を内に含む激烈な紛争が火を噴いていることは周知のことだ。それが二〇〇一年のアメリカを襲った9・11同時多発テロを契機に、さらに困難な国際間の「戦争」と「戦闘」の状態を生み出している。

このような国際紛争の現状を「文明の衝突」とみなす見方もあるけれども、私はむしろその世界史的な底流として、政教一致をイデオロギーの中心にすえる国家もしくは国家群と、政教分離の政治体制を実現しようとしている国家もしくは国家群とのあいだの関係が、ますます不協和と亀裂の度を深めている状況があるのではないかと考えている。

とすれば、そのような世界の動きのなかで、日本における象徴天皇制とデモクラシーの調和のとれた二元的ともいうべき統治のかたちがいったいどのような意味を持つのか、そしてどのような可能性を期待できるのか、そういった事柄を明らかにしていくこともこれからの重要な課題ではないかと思うのである。

第一章

皇位継承の意味するもの

大嘗祭は皇位継承の基盤

象徴天皇制を支える二つの原理

平成一八年（二〇〇六）九月六日、秋篠宮《あきしののみや》妃殿下紀子《きこ》様が親王殿下を出産された。私はそれを、早朝八時すぎのニュースで知った。帝王切開手術を経てのお喜びだったこともあり、国民各層からの祝意が安堵の気持ちとともにさまざまな形で伝えられた。近年にはまれな、非常にめでたい出来事であった。

皇室には、長い間男児のご出生がなかった。親王殿下のご誕生は、四一年ぶりのことであった。しかし、その前年までは皇位継承の先行きが案じられ、「皇室典範」の改正問題が浮上していた。

皇位は男系男子によって継承されるという現行の規定でよいのか、それで皇位継承の安定性が得られるのか、という危機感が社会を覆っていた。こうして、改正問題が政治課題として人の口の端《は》にのぼるようになっていった。

このような風潮をうけて「皇室典範に関する有識者会議」が組織され、慎重な審議を重ねた末に、女性天皇、女系天皇にも道を開くという改正案が提起された。それを見て、男系男子の継承を重視する論者の陣営がにわかに反発を強め、批判の運動を展開、あわや国論を二分しかねない状況になった。

「皇室典範」を改正すべきか、あるいは現行のまま残すか、議論が過熱するなかでその年は過ぎ去ったが、平成一八年の二月になって、突然、紀子様ご懐妊のニュースが飛び込んできた。すると、もしもそれが親王ご誕生につながるなら、急いで「典範」改正に踏み込まなくてもよいとする意見が優勢を占め、改正論議はストップした。当時の小泉純一郎首相もその慎重論に気《け》おされ、国会上程を控えた。

そして、約半年の緩衝期間を経て親王ご誕生を迎えることになったわけである。「改正」論議が急にしぼんでいったのもいたしかたのないことだった。

その後、メディアの世論も男児のご出生ということでわき立ったが、それもやがて収束し、皇位継承に関する長期的展望といった問題に首を突っ込む様子もみられなくなった。のどもと過ぎれば熱さを忘れるという一過性の現象に帰してしまった観があるが、はたしてそれでよいのだろうか。

私はたまたま「皇室典範に関する有識者会議」の「識者ヒアリング」という集まりに呼ばれ、この問題に関する意見を述べる機会を得た。そのときの発言の要点を、ここにかいつまんで記しておこう。

私は個人的には、象徴天皇制を長期間支えてきた原理が維持されるなら、女系天皇でも女性天皇でも認めてよいと考えている。その原理とは、端的にいって次の二つである。

一　血縁原理
二　カリスマ原理

この二つの原理には、もちろんフィクションの要素が含まれている。だが、それはそれとして、政治装置としての象徴天皇制が長期にわたって抜群の安定性を保ってきたのは、この二つの原理がバランスよく共存してきたためではないだろうか。

歴史を振り返ってみると、わが国には長期にわたって平和が続いた時期が二回あったことがわかる。それはざっと数えて、

一　平安時代の三五〇年
二　江戸時代の二五〇年

という二回の「平和」の時期である。私はこの日本列島における「平和」を、パクス・ロマーナやパクス・ブリタニカと比較区別して、「パクス・ヤポニカ」と呼ぶことにしている。その「平和」の質について、また「平和」が長期にわたって持続したことの意味に

ついては、拙著『日本文明とは何か――パクス・ヤポニカの可能性』（角川書店刊）を読んでいただきたいが、ともかく日本列島におけるこのような事例は、ほかの国の歴史にはまず見出すことができない。

その理由は、もちろんいろいろに考えられるだろう。政治・経済的な原因、軍事的な要因、地政学的な背景などなど、挙げていけばきりがない。けれども私は、その重要な原因というか、より根本的な要因として、右の二つの時期に象徴天皇制がうまく機能していたからではないか、と思っている。

ひと言で象徴天皇制といってはみても、歴史的にさまざまな変化を重ねてきたことはいうまでもない。その政治史的な性格も時代によって異なる。しかし、その原型にあたるものは、すでに平安時代、一〇世紀の摂関政治の段階でできあがっていたのではないかと思われる。

その原型を指摘すれば、宗教的な権威と政治的な権力の二元的なシステムといえるだろう。言い換えれば、象徴としての天皇権威と藤原氏の政治権力の間の相互補完、相互牽制《けんせい》の関係である。

この互いの独走を封じる柔軟なシステムが、社会と国家の安定にとって大きな役割を果たしてきた。このシステムによって、国家と宗教の間に微妙な調和の関係が保たれてきたのだ。これこそが、平安時代三五〇年の平和を可能にした母体だったと思う。

次に問題となるのは、象徴天皇制に深いかかわりのある皇位継承の性格だと私は考えている。それが、先に触れた「血縁原理」と「カリスマ原理」の二つの原理である。この二つの原理は、巧妙に組み合わされて象徴天皇制の骨格をかたちづくり、その正統性を維持し、保証するうえで大きな役割を果たしてきたといっていい。

本願寺法主と天皇

皇位継承を支える「血縁原理」と「カリスマ原理」について論じてみたい。

フランスのブルボン王朝、イギリスのチューダー王朝、ロシアのロマノフ王朝など、西欧的な王朝はいつも短命だった。政変を繰り返して転覆されるか、あるいは異民族支配によって蹂躙《じゅうりん》されるかの歴史だったといってよい。

それに対して、日本の天皇制のみが世界でほとんど唯一の連続した王朝を実現しているのはなぜか。その秘密を解くのに、京都の本願寺の法主《ほっす》を対比させてみよう。

日本人のなかで、何百年もの血統にもとづく系図をきちんと持ち続けているのは天皇家と本願寺家、大谷家だけであろう。血統相続が基軸になっているという点で、この二つは似ている。

しかし、大谷家の権威より、天皇家の権威のほうがはるかに強大である。そこには、何か質的な違いがあるのではないか。それこそが、大嘗祭《だいじょうさい》（おおにえのまつり）という継承方式で引き継がれている「天皇霊」の原理なのではないだろうかと思うのである。

本願寺の法主制というのは、親鸞《しんらん》の「血」を継承する伝統教団の権威を象徴するものであり、そこに発生するカリスマ性をあらわす。天皇制における王位の継承には「天皇霊」の原理が働いているのに対して、法主制におけるカリスマの継承には、一三世紀の親鸞に由来する「血」の原理が作用しているのではないだろうか。

もちろん、天皇制において血の原理が存在しないとはいえないし、法主制にも、血の原理のほかに霊的権威の継承が考えられないわけではない。

しかし、両者を相対的に比較してみた場合、天皇制がより多く「霊」の原理に立脚しているのに対し、法主制がむしろ「血」の原理によりかかっていることは否定しがたいのではないか。

「血」の原理について考える場合、アメリカの黒人社会の問題が参考になるかもしれない。黒人社会では、初代に注入された色濃い黒人の純血は、たとえ白人と混血しても無限世代をこえて継承されていくという観念が、そこには厳として生きている。そしてこの観念が、白人の血は黒人の血によって汚されていくという、白人の側からの一方的でいわれのない恐怖感と差別意識によって生み出されたものであることはいうまでもない。

混血によって血そのものの濃度は薄められていくが、しかし、薄められた血の汚染性はいささかも減ずることがないとされる。

ちょうどこれと同じようなことが、親鸞の子孫たちの間にもいえるのではないだろうか。初代カリスマの血の濃度はどんどん稀薄《きはく》になっていくにしても、しかしその何十分の一、何百分の一の血の濃度が初代のカリスマ性を保証する記号として作用し続けるからである。

しかしながら、それにもかかわらず、血の濃度の減少はカリスマ性の強度の稀薄化とひそかに結びついているのではないだろうか。

それに比べると、霊の原理は継承の過程でその濃度をいささかも減ずることがないということに注目しなければならない。その点で、霊の原理の安定性は血の原理のそれに比べて相対的に高いのである。

天皇制と法主制を比較する場合に留意すべき問題が、そこに横たわっている。そこにはおそらく、天皇制の王権としての強さの問題が伏在しているであろう。

神武《じんむ》天皇と現在の天皇の間には、血縁関係はない。桓武《かんむ》天皇（第五〇代、七三七～八〇六）あたりからならば、系図をたどることができる。

しかし、天皇家の系譜というのは、そういう歴史的な系譜のほかに、神話的な系譜が上積みされるのである。神武天皇まで、場合によってはアマテラスオオミカミまでいってしまう。そのときその系図の正統性を合理化するための議論として有効なのは、かならずしも血統ではない。そこに霊魂の問題が出てくるのではないか。

第三の皇位継承儀礼

霊魂の問題としての「カリスマ原理」は、大嘗祭を中心とする宮中祭祀《さいし》と、その主催者としての天皇の宗教的権威に由来する。もう一つ、大嘗祭とは稲の永世と天皇霊位の永続を祈る祭りのことだ。天皇の代替わりのときにおこなわれる新嘗祭《しんじょうさい》（にいなめのまつり。アキの収穫祭）を、特に大嘗祭と呼び習わしてきた。じつは、わが国の皇位継承においてはこの大嘗祭が政治的にも儀礼的にも重要な意義を担っていたのであるが、しかしこうしたものは西欧世界には見られなかった。

一般に、西欧において王位継承の儀礼は二段構えでおこなわれてきたといえるだろう。

一つは、先王の死とともに即時的に執行される王権の相続儀礼で、これをアクセッション（accession）という。

二つめは、その後一定の期間を置いてそのことを内外に宣言する即位儀礼のことをいい、これをサクセッション（succession）と呼ぶ。

この二種の儀礼をわが国の場合にあてはめると、前者が践祚《せんそ》にあたり、先帝の死とともに即時的に三種の神器が新帝の手に承継される。それに対して、後者が高御座《たかみくら》にのぼっておこなう新天皇の即位儀礼にあたる。

ところが、わが国の皇位継承では、右の践祚と即位儀礼のほかに、先にも触れた大嘗祭という、イネ（生産）とタマ（霊位）にもとづくマツリゴトがおこなわれてきた。皇位の正統性は、このイネとタマの永続性を祈願し、確保するところに発するという考え方である。

この大嘗祭儀礼は、いつごろからおこなわれるようになったのだろうか。これには諸説があるが、だいたい七世紀の天武《てんむ》天皇（第四〇代、六三一？〜六八六）・持統《じとう》天皇（第四一代、六四五〜七〇二）のころに定まったと考えられ、「天皇霊」という言葉も用いられるようになっていた。天皇の「カリスマ原理」を示す古代的観念である。

ところが、この歴史的に重要な役割を果たしてきた大嘗祭に関する規定が、現行の「皇室典範」では省かれている。そのためか、今日この問題はほとんど論議の対象になってはいない。「改正」条項のどこにも、一言半句触れられていないのだ。これは異常なことではないだろうか。

じつは、旧皇室典範の第一一条には、即位の礼（サクセッション）と大嘗祭（イネとタマの祭り）がひと続きの継承儀礼として規定されていたのだが、敗戦後の憲法発布に伴い、その条項が削除されたのである。

これに加えていえば、そのような戦後的状況のなかで、稲作という由緒のある言葉が米づくりという表現に変貌《へんぼう》させられ、それに応じて大嘗祭のほうもまた、皇室の私事として継承儀礼の余白のなかに送り込まれてしまった。

ちなみに、旧皇室典範においては、その第一一条に次のように規定されていた。

　即位の礼および大嘗祭は京都においてこれを行う。

そして、この規定にもとづいて大正四年（一九一五）の大正天皇即位、昭和三年（一九二八）における昭和天皇の即位がおこなわれた。そのうえ、この即位の礼と大嘗祭を一括して御《ご》大典《たいてん》と称してきたわけである。

それが昭和二二年（一九四七）の新憲法の施行に伴い、新皇室典範に書きあらためられて、その第二四条に次のように規定されることになった。

　皇室の継承があったときは、即位の礼を行う。

「大嘗祭」と「京都」の文字が削り取られたのである。

イギリスにおける王位継承の例

参考のために、イギリスにおける王位継承の一挿話を紹介させてもらう。現在のエリザベス女王が即位するときのことだ。

エリザベスの父王、ジョージ六世が亡くなったのが一九五二年。そのとき、継承候補者第一位のエリザベスは、たまたま王室外交の一環としてケニアに行っていた。そのような状況のなかで、イギリス議会はただちに王位継承会を開くことになるのだが、この会議がアクセッション・カウンシル（Accession Council）と呼ばれる。わが国の場合でいうと、「践祚」の問題を議する会議のことだ。

そこで議会は、この会議の開催許可を得るため、ケニアの旅先にあるエリザベスのもとに打電した。ところが、それに対する返電の形式をめぐり、関係者の間で意見が分かれた。会議の開催に許可を与えるため、「エリザベス」と署名して返電するか、それとも「エリザベス女王」として返電するかというのである。議論の末、結局、エリザベスは「女王」として返電した。

ところが、イギリス本国の議会はこれを無視し、したがって外務省も無視する態度に出た。女王候補者と、議会および行政府とのせめぎ合いの第一幕がこうして始まった。

規定どおりイギリス議会はアクセッション・カウンシルを開き、議会の名において後継者をエリザベスにするという決定を下した。

ここで大切なのは、その決定がなされるまで王位が空白になっているということだ。そのカウンシルは、場合によっては、王政の廃止をそのとき決めることもできる。そのことを可能にする「空位期間」というものを設定しているわけで、議会による王位継承のチェック機能をそういうかたちで具体化しているともいえるだろう。これが、一八世紀以来保持されてきたイギリス流の考え方だった。議会の承認を受けて、即位の礼が世界に宣言されるというかたちをとっているのである。

王たるものは、イギリス王制がいつ変更されるかわからないという危機意識のなかで生活しなければならない。そこから、こんなジョークがささやかれるようにもなった。

イギリスの王制が仮に共和制に移行することになった場合のこと、夫のフィリップ殿下がいった。自分は一日で荷物を取りまとめることができるけれども、女王、あなたはやはり一週間ぐらいはかかるでしょうね……。

ところが、日本の即位礼においては、そのようなことは考えられない仕組みになっている。なぜなら践祚（アクセッション）の儀礼は先帝の崩御の直後に即時的におこなわれ、そこには空位期間が置かれてはいないからだ。「空位期間」という概念自体が存在しなかったといってもいい。

象徴天皇制を、イギリスの君主制と比べた場合の重要な特徴ではないかと思う。このような機能が、象徴天皇制の安定性を維持することにもつながったのだろう。

今日、皇室のあり方をめぐる「近代家族」論が花盛りである。天皇の資格をめぐり、男系か女系かの議論も絶えることがない。

しかし、血統原理だけに偏った議論を重ねるうちに、われわれは象徴天皇の根幹をなす「象徴」の意味についての検討をなおざりにしているのではないだろうか。

「国のかたち」とか、「伝統的価値」ということをいうのならば、まずもって先に述べたような「大嘗祭」問題は避けて通ることのできない課題ではないか。天皇家には「象徴家族」という側面もあるのだ。

タマシズメのマツリ

新嘗祭が、毎年秋一一月下旬の卯《う》の日に宮中でおこなわれる収穫祭であることはいうまでもない。その年にとれた新穀をアマテラスオオミカミ〈または天神地祇《てんじんちぎ》〈以下、神の名はカタカナで表記する〉〉にそなえ、天皇が一緒に食べる神人共食の儀式である。

これに対し、先帝が亡くなって新帝が即位をしたときにおこなわれる新嘗祭が、特に大嘗祭と呼ばれた。

新嘗祭の伝承はすでに『万葉集』に見え、古い時代から民間でおこなわれていたが、それがやがて宮中にとり入れられ、天皇を中心とする宮廷祭祀のなかで洗練されることになった。その時期は、ほぼ天武・持統天皇のころではなかったかとされている。

次いでこれらの祭儀がおこなわれる場所であるが、新嘗祭の場合が、内裏《だいり》と真言院《しんごんいん》のちょうど中間に位置する中和院《ちゅうかいん》、そして大嘗祭の場合が、その中和院の南側に位置する大極殿《だいごくでん》だった。

われわれは、じつは真言院という儀礼センターが、この中和院と大極殿にもっとも近接して建てられていたということに注意しなければならない。この真言院の設置を構想したのが弘法大師《こうぼうだいし》空海《くうかい》（七七四〜八三五）だった。

いってみれば、中和院における新嘗祭、大極殿における大嘗祭、そしてこの空海によって定められた真言院でおこなわれる「後七日御修法《ごしちにちのみしほ》」という三種の祭儀が、宮中の中心的な領域において、それぞれ時期を隔てておこなわれるという状況が生じたといっていいのである。

ところで、儀礼としての大嘗祭の意味を考えるうえでは、民俗学者の折口信夫《おりくちしのぶ》が昭和三年（一九二八）に発表した「大嘗祭の本義」という論文はきわめて示唆的である。そのうえそれは、たとえ折口自身の意識にはのぼっていなかったとしても、先の「後七日御修法」との連関という問題を考えるうえで看過することのできない、いくつかの問題点を含んでいる。

彼によれば、まず第一に大嘗祭というのは、天皇の死と復活に関する鎮魂儀礼だった。その問題との関連で、そこでは古代の日本人が抱いていたであろう独特の霊魂観が明らかにされている。

たとえば、敏達紀《びだつ》（敏達天皇　五三八〜五八五）に出てくる「天皇霊」という言葉は天子としての威力の根元を意味し、この魂をつけると天子の威力が生ずるのだという。

かつて天子は「スメミマノミコト」と呼ばれた。「スメ」は神聖を示す言葉、「ミマ」は肉体のことであるから、それは全体として「神聖な肉体を持つ命」という意味になる。したがって、歴代の個々の天子の体は「魂の入れ物」だったのであり、この入れ物としてのスメミマノミコトのなかに天皇霊が入ってはじめてその天子は威力ある天子となる。

歴代の天子は、先代からの天子の血を引いているがゆえに威力ある天子となるのではなく、鎮魂（タマシズメ）の儀礼によって天皇霊を自己の体につけ、それによって威力ある天子となるのであり、そのことを実現する場が大嘗祭だった。

この大嘗祭においては、大極殿に悠紀《ゆき》、主基《すき》の両殿が仮設され、そのなかに褥《しとね》（敷きもの）と衾《ふすま》（かけ布団）を含む寝所が用意される。そこは、次代の天皇（天子）となる方が資格完成のために引き籠もり、真剣に物忌みする場所である。すなわち、ミタマフリ（鎮魂）の秘儀によって魂を身体につける場所であるが、そのとき籠もりのための褥と衾が用いられた。

『日本書紀』神代巻によれば、天孫ニニギノミコトは、天降りする際、真床追衾《まとこおうふすま》というのをかぶっている。これは日嗣《ひつぎ》の皇子（皇太子）が物忌みの期間中、外の日の光を避けるためにかぶるものだったという。だがひとたび物忌みが終わり、真床追衾がとり除かれると、天皇霊がそのスメミマノミコトの体に入り、そこで完全な天子が誕生することになる。

折口信夫の「祭り」論

折口のいう第二の興味ある論点は、新嘗祭や大嘗祭という場合の「祭り」の意味についてである。

彼によれば、「祭り」の祖形は、アキマツリ、フユマツリ、ハルマツリの三つの要素から成り立っていたという。このアキ、フユ、ハルという言葉は、かならずしも秋、冬、春という漢字の意味に対応しない。秋、冬、春というのは、夏とともに、中国から太陰暦が入ってきてあてはめたものにすぎないからである。

古代の日本人にとって、アキ、フユ、ハルは漢字のなかに盛られていた暦学的な脈絡とは違った意味を持っていた。

それではこのアキマツリ、フユマツリ、ハルマツリというのはどういう「祭り」であったのかということになるが、それはもともと大晦日《おおみそか》の夜に、一晩のうちにおこなわれる連続的な祭りを意味したのだという。すなわち、アキマツリとは宵《よい》のうちにおこなわれる祭り、フユマツリは深夜に、そして最後のハルマツリは明け方におこなわれる祭りなのである。

内容のことでいえば、宵のアキマツリは、遠来の神（客神、マレビト）に対して家の主人が田畑の収穫の報告をすること。深夜のフユマツリは、その客神が主人のために長寿と幸運をことほぐとともに鎮魂をおこなうもの。そして明け方のハルマツリは、魂の復活・蘇生を祝福する祭りで、強い魂をつけて人間が生まれ変わることである。

この一連の祭りのうち、中心的な要素をなすものが、厳冬の夜におこなわれる鎮魂（タマシズメ）である。そして折口信夫は、この鎮魂に三つの意義があったといっている。すなわち、まず鎮魂の第一義は、外来の魂を身に付着させること（＝フユマツリ）だった。ところが次の段階になると、この外来魂は身につくと同時に、もとが減らずにいくらでも分割ができ、しかも他者に分配されるという意味に転じた（＝フルマツリ）。この魂の分割の信仰がいわゆるタマフリといわれるもので、鎮魂の第二義である。

ところが、さらに後世になると、タマシズメという考え方が優勢になってくる。これは人間の魂がある時期に遊離しやすくなるから、それを防ぎ、魂を落ち着かせるためにおこなうもので、これが鎮魂の第三義である。

以上はフユマツリというものが魂の付着、魂の分割、魂の遊離という三つの機能を前提にしていることを述べたものだが、折口はさらにこの三機能を天皇霊と大嘗祭の場合にあてはめている。

すなわち、大嘗祭における新帝は、外来魂としての天皇霊をわが身につけることによって新しい天子としての威力を生み出す（鎮魂の第一義）。

次いで即位した新帝は、自らに付着せしめた天皇霊を分割して臣下に分配した。分割した魂を御衣《みころも》につけて分配したのだが、これを天子の衣配《ころもくば》りという（第二義）。

ところで、天子は毎年の暮れになると魂が衰弱し、浮動しやすい状態になる。それを鎮めるために、一一月になると日を卜定《ぼくじょう》してタマシズメの儀をおこなった。年ごとにおこなわれる魂の強化、すなわち鎮魂祭がそれである（第三義）。

以上のことから、大嘗祭（そして新嘗祭）がフユマツリにおける鎮魂の作法と密接に結びついていたことがわかるだろう。のちになって、新嘗祭が一一月下旬の卯の日に選定され、そして鎮魂祭がその前日の日に定められることになるが、しかもその二つの祭りは本来一体のものと観念されていたというのが、そもそも折口信夫の言わんとするところだった。

もしそうであるとするならば、年の末におこなわれるこのような宮廷祭儀と、新しい年の初めにおこなわれる先の「後七日御修法」の間には、いったいどのような対応や対照の関係が見出されるのだろうか。少なくともそこには、聖体の安危をめぐって、霊的存在の介入、不介入という問題が微妙な対照と対抗の構図のもとに浮上してくるのが看取される。

さらにいえば、弘法大師空海がはじめて真言院儀礼の創設を発想したとき、その胸中にはすでに、大嘗祭や新嘗祭の儀礼的意義を鋭く意識することがあったのではないかという問題である。それを鋭く意識していたがゆえに、彼は大嘗祭や新嘗祭とは異質で対照的な儀礼空間を真言院の内部につくり上げようとしたのではないか。そう私は推定してみたいのだ。

その問題は私にとっては、小論を発想した当初からの、いわば基調低音ともいうべきテーマだった。

大嘗祭の儀礼空間

次に、中和院での新嘗祭、大極殿での大嘗祭、真言院でおこなわれる密教儀礼（後七日御修法）が、具体的にどういう場所で、どういう内容でおこなわれたのかという問題を検討してみたい。新嘗祭は大嘗祭と同様の儀礼内容を持っているので、ここでは平安中期以降の大嘗祭における斎場、紫宸殿《ししんでん》の南庭での事例によって見ていくことにしよう。

大嘗祭のために大嘗宮が建てられるが、それは悠紀殿《ゆきでん》、主基殿《すきでん》という二つの殿舎から成る。これらは構造がまったく同じ建物で、同じ行事を二度繰り返しておこなうことになる。

悠紀殿では東国から集められた新穀、主基殿では西国でとられた新穀を神にささげる。違いはその点だけである。日本全国を東と西に分けて、その両地域で収穫されたものを神にささげ、天皇が神とともに食べるのだ。政治的な領域支配に、宗教的な意味を重ね合わせた儀礼といっていいだろう。

大嘗宮の左手には、廻立殿《かいりゅうでん》という殿舎がある。悠紀殿、主基殿で大嘗（または新嘗）の儀礼をおこなう前に、天皇はこの廻立殿で入浴される。そして、体を清めてから神人共食の儀礼に入るのである。

悠紀殿および主基殿の構造は、南北に長い長方形で、その内部は北側の「室」と南側の「堂」に分かれている。

南側の堂はいわば控えの間で、神主や女官、それに高位の大臣が居並んで控える。特にそこには、関白座という関白太政大臣が座る場所がある。

これに対して、北側の室は天皇がお休みになる寝所だ。そこでは、枕が南向きに置かれて布団が敷かれ、反対側の先のほうに沓《くつ》がある。天皇はその布団にお休みになり、深夜になってから起き上がってその東側の御座にお座りになる。その前には神のケコモという神座があるが、それは降臨したアマテラスオオミカミを祀る座である。つまり、天皇は深夜にアマテラスオオミカミと差し向かいに座り、新穀で調理した神饌《しんせん》を一緒に食べるのだ。

正式に朝堂院《ちょうどういん》（大極殿）でおこなわれるときの大嘗宮のあり方を示す「貞観儀式大嘗宮《じょうがんぎしきだいじょうぐう》

全図」によると、廻立殿が真北に建てられており、その南側の左と右に室堂と書いた悠紀殿、主基殿がある。

これは、代わりの斎場である紫宸殿でおこなわれる場合の悠紀殿と主基殿と廻立殿、それから正式の朝堂院でおこなわれる場合の悠紀殿と主基殿と廻立殿との位置関係の違いを示すものだ。

次に新嘗祭は、先にも述べたように、中和院でおこなわれる。中和院は、内裏と真言院の間に挟まれた一郭だが、その中和院の中央の殿舎、すなわち神嘉殿《しんかでん》というところに悠紀殿、主基殿がつくられて天皇の褥《しとね》が設けられる。左側に西廂《せいそう》と書いてある部屋があるが、これは大嘗祭の場合の廻立殿にあたる場所である。

以上が大嘗祭、新嘗祭をおこなう朝堂院、紫宸殿、中和院の建物の状況だが、それに対して真言院はどうだったか。

まず、南の端に壇所という場所があり、ここで儀礼がおこなわれる。そこは南に面した東西に長い建物で、内部の東側に胎蔵界曼荼羅《たいぞうかいまんだら》、西側に金剛界曼荼羅《こんごうかいまんだら》がかけられており、それぞれの曼荼羅の前には大きな護摩壇《ごまだん》を設けてある。

さらに、東側の廂には十二天の画像がかけられている。北のほうから、地天《じてん》、梵天《ぼんてん》、多聞天《たもんてん》、伊舎那天《いざなてん》、帝釈天《たいしゃくてん》、火天《かてん》、閻魔天《えんまてん》、羅刹天《らせってん》、水天《すいてん》、風天《ふうてん》、日天《にってん》、月天《がってん》である。

次に重要なのは、東西の壁面の真ん中に位置する北壁に、五大明王が南面して並べられていることだ。右から金剛夜叉明王《こんごうやしゃみょうおう》、降三世明王《ごうざんぜみょうおう》、不動明王《ふどうみょうおう》、軍荼利明王《ぐんだりみょうおう》、大威徳明王《だいいとくみょうおう》と並び、不動明王が中央を占めるようになっている。五大明王が並べられていることから、これを「五壇《ごだん》」と呼ぶ。

ところで、東側の壁面にかけてある胎蔵界曼荼羅を見ると、その画像の中心に大日如来《だいにちにょらい》が位置しており、それを取り囲むように仏・菩薩《ぼさつ》が並んでいる。その中心部分より少し下寄りのところに、持明院《じみょういん》という区画がある。この持明院というのは、明王が集められている場所だ。

ところが、その持明院のなかの明王の配置を見ると、不動明王は中央ではなく、いちばん端にある。すなわち、右から不動明王、降三世明王、般若《はんにゃ》明王、大威徳明王、勝三世明《しょうさんぜ》王の順となっている。このうち、不動、降三世、大威徳、勝三世の四明王は憤怒相《ふんぬそう》をしているが、中央の般若明王だけは女性の姿をとって柔和な表情をしている。空海が中国から日本にもたらしたと伝える現図曼荼羅でも、持明院の明王図はこのような順になっている。

ところが、真言院の五大明王配置では、不動明王が中央に来てもっとも中心的な存在になっている。それはなぜかという課題が私たちに残されている。

また、空海の時代にはたしてこのような五つの明王による五壇がつくられていたかどうかということも、じつはよくわかっていない。

『続日本紀《しょくにほんぎ》』によると、空海は承和元年（八三四）に宮中に真言院をつくったということになっているが、その「後七日御修法《ごしちにちのみしほ》」の儀礼作法のなかで、はじめから不動明王を中心とした五壇の仏像を並べたのかどうかという問題になると、記録のうえからはよくわからない。

後世の記録になって、この五つの明王を並べる形式が整うようになるのだ。今後、解いていきたい課題である。

天の羽衣の脱着をめぐる秘密

一〇世紀前半に編纂《へんさん》された『延喜式《えんぎしき》』の規定によれば、大嘗祭には神祇官《じんぎかん》（宗教官僚）のみならず、太政官《だいじょうかん》（政務官僚）も関与することになっていた。つまりそれは、政治と宗教にかかわる国家的な行事だった。その祭儀の日程を示せば、次のとおりだ。

一　新穀を用意する二つの地域（斎国）の選定（四月）
二　出そろった稲の穂を抜く抜き穂の行事（九月）
三　北野の斎場における諸行事（白酒・黒酒の製造、贄《にえ》＝天皇への貢納物の調達、神服の用意など）（一〇～一一月）
四　禊《みそぎ》の行事（賀茂の川原への行幸《ぎょうこう》）（一〇月下旬）

五　仮殿舎の造営（祭日の七日前に着工）
六　神・天皇に対する奉納（一一月の卯の日）
七　大嘗祭——悠紀殿・主基殿の儀（卯の日の夜から翌朝の暁方まで）

右のうち、とりわけ問題となるのが、一一月卯の日におこなわれる大嘗祭儀であることはいうまでもない。

ところで、この一一月卯の日を中心におこなわれる大嘗祭の過程には、いくつかの注目すべき儀礼が含まれている。それらの儀礼の一つひとつの意味は、今日ではすでに補捉しがたくなっている。

しかし、そこにはまた、秘儀としての大嘗祭の本体を垣間見せるような手がかりがいくつか見られないわけではない。以下においてはそれらの問題に触れ、大嘗祭が全体として喚起するシンボル性の輪郭を多少とも明らかにしてみようと思う。

一一月卯の日におこなわれる大嘗祭というのは、内裏に一時的に造営された二つの殿舎に天皇が籠もり、その年にとれた新穀をアマテラスオオミカミ（または天神地祇）にそなえて一緒に食べる儀式であることはすでに述べた。アマテラスオオミカミとの共寝共食の秘儀に入るのである。

繰り返すことになるが、大事なことなので言葉を重ねておく。天皇は深夜、仮の宮として建てられたまったく同型の悠紀殿、主基殿に籠もり、同じ所作を二度繰り返すことになっている。この両殿の内部の結構は二つの部分に分かれており、北側を「室」、南側を「堂」という。北側の「室」の部分には褥《しとね》と衾《ふすま》を含む寝所が用意され、それに枕と沓《くつ》までがそなえられる。そしてその寝具の東側に、アマテラスオオミカミが降臨する神座と、それに対向して座る天皇の座がしつらえられている。

天皇はまずその寝所に横たわって褥と衾で身を包み、その儀が終わってから、神座に向かって新穀を供進する。衾に包まれて休むのも神座に向かって新穀を供するのも、アマテラスオオミカミとともにそうするものと観念されているわけだ。まさに神との共寝共食の秘儀といっていいだろう。

この「室」には天皇以外どんな人間も入ることを許されないが、ただ西の隅に「采女台《うねめ》座」とあるように、天皇の身の回りの世話をする女官が例外的に随侍した。しかし、神儀が開始されるともちろんその采女も退出した。

この共寝共食の儀がおこなわれる「室」の南側には「堂」が設けられていることもすでに述べたが、その「堂」の西南隅に「関白座」が設けられていることに注意しよう。摂政・関白の地位にあるものは、天皇による秘儀の進行をその至近距離から逐一観察することができたのだ。

いってみれば、この大嘗祭儀において、最高の「入室特権」を有するものが「関白」と

「采女」だった。しかも、この大嘗宮の「室」と「堂」の境は御簾《みす》によって仕切られていたため、関白や采女などの入室特権者たちは、「室」内の天皇の行動をその御簾越しにひそかにうかがうことができただろう。

天皇はまったき孤独のなかでアマテラスオオミカミと対面する一方、その体の動きは瞬時も休むことなく慎重な注視を浴びていたのである。

ところで、われわれはこの大嘗祭の祭儀において、まず第一に、聖水による沐浴《もくよく》というテーマが大きく立ちあらわれてくるということを指摘しないわけにはいかない。というのも、それは大嘗祭の本質を読み解くうえできわめて重要な意味を持っていると思われるからだ。

先に私は、『延喜式』の記述によって大嘗祭の祭儀日程を挙げたけれども、それによると、天皇は大嘗祭に先立って賀茂《かも》の川原に行幸し、禊祓《みそぎはらい》の儀をとりおこなうことになっている。罪と穢《けが》れを洗い流す一種の聖水儀礼であるといっていいが、さらに一一月卯の日の当日にも、天皇は二度にわたって御湯殿《おゆどの》の儀と呼ばれる沐浴儀礼をおこなわなければならなかった。

その二度のうち最初のものは「大忌《おおいみ》の御湯《おゆ》」と称されるもので、午前一〇時ごろに宮殿の御湯殿でおこなわれた。ついで二度目のものが「小忌《おみ》の御湯」と呼ばれるもので、夜に入って悠紀殿・主基殿に出御する直前に「廻立殿」でおこなわれるのがそれである。

廻立殿というのは、主殿である悠紀・主基両殿に付設して建てられた殿舎で、両殿における秘儀に先立って沐浴の儀礼をおこなうための特設の舞台だったといっていい。

こうして天皇は、大嘗宮に籠もって神との共寝共食の儀に入る以前に、日中と夜間の二度にわたってあらかじめ沐浴を繰り返すことになっていた。夜間の場合は、悠紀・主基の両殿で繰り返されるから、全体で計三度の沐浴をすることになる。再びいえば、廻立殿とはすなわち御湯殿のことである。

そしてこの御湯殿の儀において、天皇は「天羽衣《あまのはごろも》」なる湯帷子《ゆかたびら》を着替えることになっていた。すなわち天皇は、まず天羽衣と呼ばれる湯帷子を着用して湯槽に入るが、次いでそのなかでそれを脱ぎ捨て、上がってから別の天羽衣に着替えることになっていた。

ところで、『延喜式』巻七の践祚大嘗祭の条によると、天皇が廻立殿の沐浴に際して着替える衣服のことを「祭服《さいふく》」といっている。

だが、のちにこの祭服は天羽衣と呼ばれるようになった。たとえば、醍醐《だいご》天皇の皇子で臣籍に下った源 高 明《みなもとのたかあきら》（九一四〜九八二）は朝廷の儀礼に深く通じ、よく知られた有職《ゆうそく》書『西宮記《さいきゅうき》』を編纂したが、それによると、先の廻立殿の沐浴で天皇が着る衣服が「天羽衣」と記されている。このことは、同じく朝廷の典礼に通じていた大江匡房《おおえのまさふさ》（一〇四一〜一一一一）の著した『江家次第《ごうけしだい》』でも変わりがない。

思うに、一〇世紀の後半ごろから、『貞観式』や『延喜式』で定式化されていた祭服が、天羽衣というように解されることになったのだろう。あるいは、当初からその祭服には天羽衣という隠喩《いんゆ》が含まれていたのかもしれない。そのあたりの確かな消息は不明というほかはないが、ともかくもこの天羽衣が、当初いわゆる沐浴における湯帷子であったことは疑いない。

この天羽衣による沐浴の儀礼について、まことに注目すべき見解を述べたのが、先の折口信夫であった。すなわち、大嘗祭の本質は、天皇が新穀を神とともにきこしめすところにあるのではなく、じつをいえば斎湯《さいゆ》での沐浴神事そのもののなかにこそあった。聖水神事が、新穀神事の基盤をなしていたというのである。

そもそも悠紀殿の儀というのは、死者となった「元の日の皇子《みこ》」（先帝）に魂をつけて復活させることがその原意であったが、それが同時に「次の日の皇子」（新帝）の出現と同じことを意味し、その結果として、もう一つの主基殿におけるまったく同一の儀礼を呼び起こすことになった。

すなわち、先帝の死→新帝の物忌み→物忌みからの離脱としての沐浴というプロセスを経て、新帝は「神の資格」を得る。それは、鎮魂の式による霊の復活と新しい生命の誕生をあらわしているのであって、その復活蘇生までの間、物忌みのため身につけていたのがすなわち天羽衣だった。

天皇は斎湯のなかでその天羽衣を脱ぎ捨て、はじめて「成年」となる。大嘗祭はこのように、廻立殿での斎湯の儀のなかにこそ、その本来の姿を宿しているのだ、というのが折口の言わんとするところだった。

折口がこのような考えを述べたのが、昭和三年（一九二八）に発表された「大嘗祭の本義」という論文においてだった。それは折口全集の第三巻『古代研究』に収められているが、しかし、この論文にはもう一つ別の草稿があったことがのちにわかった。昭和五二年（一九七七）に、「資料・折口信夫講・大嘗祭の本義」として、『折口博士記念古代研究所紀要』（第三集）に発表されたものがそれである。

この別稿と既発表の本稿は、大筋において同一の問題を同じ視点から論じたものといえるが、しかし、別稿のほうに思い切った推測が細かく論じられているところもある。先に述べた天羽衣に関するテーマなどはその一例であり、ここではその別稿の論旨を摘記してみたのである。

さて、この天羽衣については国文学者の西郷信綱《さいごうのぶつな》（一九一六～二〇〇八）氏も注意を払い、右の折口説を批判しつつ、その著『古事記の世界』のなかで次のようにいっている。

すなわちその第一は、大嘗祭が高天原《たかまがはら》を舞台に演じられる祭りの投影であるとする点にあるが、そのため新帝が廻立殿の浴槽で天羽衣を着るのは、とりもなおさず天界の人になったことを象徴するものだった。つまり、世々の新しい王は高天原でアマテラスオオミカミの子として生まれ、その後、葦原《あしはら》の中《なか》つ国《くに》に臨む。

西郷氏が天羽衣を、神話世界に位置づけられた呪衣の一種とみなしていることがそこからわかるが、民俗学者の高取正男《たかとりまさお》（一九二六〜八一）氏もまた『神道の成立』のなかで、同様の立場からこの問題に注目している。すなわち、衣服というのはそれを着る人の魂が乗り移るものと考えられ、衣服に加持《かじ》（呪術・宗教的な祈禱《きとう》）をすれば、それを着る人および着る人の魂にさまざまな影響を与えうると信じられてきた。

大嘗祭のとき、廻立殿の沐浴で天皇が身につけた天羽衣も、まさにその例にほかならない。それは、実質的には湯帷子や湯巻のようなものであっても、それを身につけると、つけたものが聖性を獲得するような浄衣となるのであり、もともとは聖なる戒衣とか忌衣とかいうべきものだったろうといっている。

このように、西郷信綱氏と高取正男氏は、新帝が廻立殿で沐浴する際、天羽衣を着用するという点にポイントを置いていたことがわかるだろう。

それに対して、すでに見たように折口信夫は、むしろ天皇が湯槽のなかでその天羽衣を脱ぎ捨てる契機に着目していた。

この両者の解釈の違いについては別に考察したいが、ともかくも、この御湯殿における天羽衣の着脱が、天皇の心身に呪的な変化を起こさせる重要な問題とされていたことだけは疑うことができない。

空海と後七日御修法

次に、真言院でおこなわれる後七日御修法に注目してみよう。

後七日御修法の儀礼目的とは何かといえば、まず第一に玉体《ぎょくたい》の安穏を祈る加持祈禱であるということができる。天皇の肉体の健康を祈るのである。そして第二に、天皇家の安泰を祈ることだ。さらに第三、第四を挙げれば、鎮護国家、そして五穀豊穣を祈るということだろう。

奈良時代以降、正月の第二週の同じ時期に、大極殿で『金光明最勝王経《こんこうみょうさいしょうおうきょう》』の講讃《こうさん》がおこなわれていた。これを「御斎会《ごさいえ》」というが、『金光明最勝王経』は、密教経典の代表的なものの一つである。

一般に、空海以前の密教を雑密《ぞうみつ》というのに対し、空海以降の密教を純密《じゅんみつ》と呼ぶが、その雑密の段階でもっとも尊重された経典が、この『金光明最勝王経』である。その『金光明最勝王経』を読んで解釈をする御斎会が、正月八日から一四日までの間におこなわれる行事だった。

そのような古い形式の御斎会がおこなわれていたのだが、それに対して、空海はまったく新しい儀礼体系をつくろうとした。それこそが「後七日御修法」である。

御修法の内容は、護摩壇で護摩を焚《た》き、仏・菩薩に向かって真言陀羅尼《しんごんだらに》の呪文を唱えるということを毎日繰り返しておこなう。そのなかでも特に重要なのは、「御衣加持《ぎょいかじ》」だ。

真言院の御修法をおこなう場所を「身舎《もや》」というが、その中央の南側には「御加持座《おかじざ》」と「御衣机《ぎょいづくえ》」というものが用意されている。天皇はここで加持祈禱を受けるのだが、直接お出でになれない場合は、天皇が着ている衣をこの机の上に置き、真言陀羅尼を唱えて加持をする。それが御衣机である。こうして真言を唱えることにより、衣に特別な霊力を付着させるのだが、これを毎晩繰り返しおこなうのだ。

そして最後の三日間は、特にそれと並んで「香水加持《こうずいかじ》」という祈禱をおこなう。壺《つぼ》に入れた香水を加持するのである。そして最終日になると、天皇がこの真言院にお越しになり、加持を受けた香水が天皇の体に振りかけられる。そうすることにより、天皇の玉体を強化する。

天皇不在の場合は御衣加持だけがおこなわれ、水法が終わってから天皇に衣を着ていただく。それを着ると、天皇の生命が新しい力を得てよみがえる。空海がこれらの儀礼体系をそのまま創始したかどうかははっきりしないが、そのような考え方の原型をつくったのは空海だ、と私は思っている。

では、なぜにこの御衣加持というような儀礼を考え出したのか。それは、大嘗祭の祭儀と比較するとその意味がより鮮明になってくる。私は、先ほど触れた廻立殿の問題と深いつながりがあると考えている。

前述の『江家次第』や『江次第抄《ごうしだいしょう》』などの古い記録によって廻立殿の作法をうかがってみると、まず御湯殿のことをつかさどる御湯殿人が身を清めて天皇のお出でを待つ。天皇はこの御湯殿に入り、例の天羽衣という浴衣をつけてお湯に浸かる。

天羽衣は高天原の天人が着る超自然的な衣であり、あるいは人間が神になるときに着る衣であるといってもいい。その湯帷子を着てお湯のなかに入り、お湯のなかで脱ぎ捨てる。そのあとお湯から上がって新しい明衣《あかは》を着け、その清められた姿で大嘗祭に臨むというのは前に述べたとおりだ。

衣替えによる神への変身を、御湯殿でおこなうのである。それは、大嘗祭のなかの秘儀といっていいものだろう。

御湯殿の儀式を終えた天皇は、悠紀殿と主基殿に入ってアマテラスオオミカミとの共食の儀式をおこない、前代の天皇の霊魂を自分の体につけて新しい天皇としてよみがえる。そこで即位が真に完了するというのも前述のとおりだ。

そのように考えていくと、空海が宮中の真ん中に真言院をつくり、そこで密教的な御修法をおこなって、特に天皇の御衣加持をおこなったことの意味がしだいに明らかになってくるのではないだろうか。

大嘗祭の天羽衣による変身と、後七日御修法の御衣加持による変身とが相互に連関する問題であることが見えてくると思うからだ。

次に重要なのは、御修法のなかで中心的な地位を占めるようになった不動明王を中心とする修法である。その完成された形式が、先に述べた五大明王のパターンにもとづく五壇の形式である。それを五壇法という。

一例を挙げると、醍醐天皇のときに菅原道真《すがわらのみちざね》（八四五〜九〇三）の事件が起こった。菅原道真は、左大臣藤原時平《ふじわらのときひら》（八七一〜九〇九）の讒言《ざんげん》によって九州の大宰府《だざいふ》に流され、最後はそこで自分の不運な運命を嘆きつつ憤死したことはよく知られているが、そのあとで醍醐天皇の周辺や事件関係者の間にさまざまな異変が起こる。時平が病気になって変死する。清涼殿に落雷がある。ついには醍醐天皇自身が物《もの》の怪《け》に襲われるといったありさまだ。

そのときに、密教僧の尊意僧正《そんいそうじょう》が呼ばれておこなったのが五壇の御修法だった。不動明王を中心とする五大明王を並べて護摩を焚き、天皇にとりついた物の怪、怨霊《おんりょう》を追い払うための加持祈禱がおこなわれた。しかし、このときはその甲斐もなく、醍醐天皇はこの世を去る。

この五壇御修法という儀礼は、藤原道長《ふじわらのみちなが》（九六六〜一〇二七）の時代になるとますます盛んになるのだが、要するに、不動明王を中心とする御修法の目的は、怨霊、邪霊、物の怪のたぐいを排除して肉体の健康と安全を守るということにあった。空海が宮中に真言院を建てた意図も、基本的にはそういうところにあったのだろう。

これまで述べたことをまとめてみれば、大嘗祭とは、歴代の天皇の肉体を次々と通過してきた神武天皇以来の天皇霊を次代の天皇の体に付着させるための儀礼であり、すなわち天皇霊の付着・継承ということがその最大の眼目だった。

同時に新嘗祭にも、毎年暮れになると衰えてくる天皇の霊を強化するという意味が込められていた。それがタマシズメの儀礼であるというのが折口信夫の見方だった。

それに対して、翌年の正月におこなわれる密教儀式、すなわち後七日御修法の場合は、明らかに外部から人間にとりつく邪霊や物の怪を排除するための儀礼として考えられていた。いわば、一方では天皇の玉体を中心としてその内部霊を強化し、他方では外部霊を駆除するという対応の形式が、大嘗祭（新嘗祭）と後七日御修法という二つの連続的な儀礼によってつくり出されたといえるのではないだろうか。

不動明王を中心とする五壇法の加持祈禱のシステムについては、空海がこれをはじめから考えていたのかというと、現存の記録からはよくわからない。今述べた玉体の加持という基本的な考えは最初からあったと思われるが、五壇法の推移については不明であるといわざるを得ないのが現状である。

五壇法の初例としては、応和元年（九六一）に比叡山でおこなわれたという記録がある。これは『阿娑縛抄《あさばしょう》』という天台密教に関する儀礼百科全書に出てくる。それによると、五壇法のいちばん古い記録は、九六一年の村上《むらかみ》天皇のときとなり、空海の時代まではなかなかさかのぼらない。そのときは、空海の没後一三〇年ほどたっているので、その間に儀礼がどのような展開を見せたのかを探らなければならないが、その場合、重要なのが円仁《えんにん》（慈覚大師《じかくだいし》、七九四～八六四）であろうと思われる。

その円仁の弟子に、相応《そうおう》という不動法を盛んにおこなった加持僧がいる。ところが、この相応以前の段階になるとはっきりしないのだ。その点は、今後に残された問題となる。

ともあれ、大嘗祭の祭儀と真言院の密教儀礼を比較すると、御湯殿の儀式と御衣加持を共通の要素として、天皇の肉体にかかわる再生の儀礼をおこなったということがわかる。

諸国における玉座

王位の継承にあたっては、どの民族、どの国家においても、玉座《ぎょくざ》が王冠や王笏《おうしゃく》と並んで重要な役割を果たしてきたことはいうまでもない。

たとえば西アフリカ、ガーナ共和国のアシャンティ族の間では、首長（＝王）の即位儀礼のときに「黄金の床机」（ゴールデン・ストゥール）が用いられている。その玉座に就くとき、新しく選出された首長は象徴的な憑依《ひょうい》の状態になるといわれている。

また、一方イギリスでは、「ストーン・オブ・スクーン」という由緒のある玉座が今日に伝えられている。

現在のエリザベス女王も、即位の礼をおこなうときはこの玉座に座った。この玉座は「スクーンの石（運命の石）」と呼ばれ、はるか昔にスコットランド王が即位の儀礼に使ったものである。

だが、一二九六年にエドワード一世がスコットランドを制圧し、その石（＝玉座）をイングランドに持ち去った。以後ロンドンのウエストミンスター教会に置かれ、イギリス王の即位に用いられるようになった。

もっとも、このイングランドに持ち去られた「石」そのものは、エドワード一世の命令によって、楢《なら》の木でつくられた椅子式の玉座の家具に格納され、椅子の前面には彫刻や彩画が施されて今日に伝えられることになった。この伝統ある玉座は、あたかも展示品のように今も教会内に安置されており、誰でも近寄って見ることができる。

先のアシャンティ族の「ゴールデン・ストゥール」の場合は、そこに座る首長は沈黙と静寂の隔離期間を守り、食事や性的交わりに関する禁忌に従わなければならない。一種の籠もりに類する状態に「幽閉」されるわけであるが、イギリス王の即位に際してはかならずしもそのような儀礼の観念が前提とされているわけではない。だが、床机であれ石であれ、玉座そのものが王権を象徴する神聖具であったことは共通しているといえよう。むろんそれは、アフリカやイングランドに限られるものではなかった。

古代エジプトではライオンの脚をつけた黄金の玉座がつくられたし、古代ギリシャでもその影響を受けて、高い背もたれと脚台をそなえた肘かけ椅子が玉座とされた。また、ローマの帝政期になると、「セラ・インペラトリア」と呼ばれるX字形の折り畳み式の椅子が、皇帝の執務用の椅子として登場した。

珍しい例として、インドの藩主たちが即位のときに座った玉座なども逸することができないだろう。

イギリスの社会人類学者、エイドリアン・メイヤーによると、インドの藩主国では、先王が死ぬと、新しい王は「ラージガディ」という玉座にのぼって即位を宣言することになっていた。イギリスの統治時代、インドにはラージャ（王）によって支配される半自治的な領国が各地にあったが、それを「藩主国」といった。

メイヤーは、主として二〇世紀前半期の中央インド（ラージプット族）と西インド（マラータ族）の藩主国の事例を取り上げ、王位継承の儀礼について分析を加えたのである。

そのラージガディにおける即位儀礼の際に、宮廷付きの祭司が、王の額に色のついた染料を塗ることになっていた。それをティラクの儀式という。それは、玉座に座った新しい王が、同時に神聖王として誕生したことを象徴しているといえるだろう。

このラージガディという玉座は、石づくりのものから木製のものまでさまざまだが、脚の部分はない。その点が、たとえばローマやイギリスで使われた国王の脚つきの玉座と違うところだが、王権の象徴としての玉座に新しい王が座るというところはまったく共通している。

高御座と大嘗祭の寝所

そのイギリスやインドの玉座にあたるものが、日本の場合でいえば、さしずめ高御座《たかみくら》ということになるだろう。

わが国の代々の天皇は、即位の大礼のときには、この高御座にのぼって新しい王となった。それは、天皇の座る高い座とされてきたのだ。だが私は、日本の高御座は、単なる椅子でもなければ座席のようなものでもなかったのではないかと思う。

というのも、それはもともと、天皇が腰かけにかけるように「座る」ためのものではなく、むしろそこに身を横たえる「寝所」のごとき役割を果たす場所だったのではないかと思うからである。少なくとも、本来のあり方からすればそうであったはずである。

一般に、辞書や解説書などによると、高御座は即位や朝賀《ちょうが》などの大礼の際に使用される天皇の座所、というように説明されている。はじめ大極殿の中央に常置されていたが、その廃亡とともに紫宸殿に置かれるようになった。

南が正面で、西・東・北の三方に階段がついていて、約五メートルの方形をしている。高さ約一メートルの基壇の上に、同じく高さ約三メートルの八面の館を組んでいる。屋根の上には大きな金色の鳳凰《ほうおう》をつけ、屋根の端から多くの鐘《かね》を垂らしている。屋根の内部の天井中央には、大きな円鏡をはめ込み、内部に御帳《みちょう》を垂らして床に筵《むしろ》を敷く。その上に大畳二畳と中敷一枚を重ねる。そして、ここが大事なところであるが、その幾枚かの敷物の上に「褥《しとね》」を置くのである。これがいわゆる「玉座」の場所となるわけだが、その座の左右に剣璽《けんじ》の台が配される。

高御座の最奥の座には褥が敷かれ、四方の隅からは御帳が垂らされている。「座」そのものが密封されているのである。

そしてこの褥には、むろん椅子のように背もたれもなく、肘かけもついてはいない。それは座るときなどに用いる敷物である。四角な座布団といってもいい。その敷物は、確かに人が座るための座ではあるのだが、同時にそれは寝るときの敷物でもある。

ともかく、高御座には、すべてというわけではないにしても、「寝る」イメージと結びつく「褥」が重要な役割を果たしていたらしい。そこで思い起こされるのが、大嘗祭のときに建てられる悠紀殿・主基殿の内部の結構である。

天皇の代替わりに際し、即位式に続いておこなわれる重大な宮廷祭儀が大嘗祭だった。即位式が公開の場でおこなわれる王位継承の宣言であるのに対し、大嘗祭は非公開の密室でおこなわれる天皇霊継承の秘儀である。

即位式は白昼下に太政官以下の百官を前にして挙行され、大嘗祭は深夜の闇のなかでただ神々のみの照覧のもとに執行される。即位式は大嘗祭によって生命を吹き込まれ、大嘗祭は即位式を経てその秘儀の正統性を保証される。

即位式と大嘗祭は、あたかも車の両輪のごとき連携を保って、新しい王権の誕生を天下に告知するのだといっていいだろう。その即位儀礼における高御座の装置が、大嘗祭儀における宮内の寝具のそれに類似している。

大嘗祭と即位式を比較するために何度も繰り返して言うことになるが、大嘗祭をおこなうための殿舎は悠紀・主基の両殿だった。

その両殿の内部がそれぞれ室（内陣）と堂（外陣）に分かれ、祭儀そのものは内陣である室で執行された。その室の中央には天皇が身を横たえる寝具がしつらえられ、東側にアマテラスオオミカミが降臨するための神座（神のケコモ）と、それに対面して天皇が座る御座が設けられている。中央の寝具は南側に坂枕、北側に沓《くつ》を置いている。明らかにそこは天皇の寝所なのだ。

それについて、『貞観儀式』や『延喜式』に想定されているのは、細部において多少の変化はあるにしても、何種類かの敷物を敷くとしている点ではほぼ共通している。すなわち、その中央の寝所の部分に、薦《こも》もしくは畳が敷かれることになっている。

時代は下るが、仁安三年（一一六八）におこなわれた高倉《たかくら》天皇の大嘗祭についての『兵《へい》範記《はんき》』の記述によれば、九尺の畳四枚を敷き、その上にさらに八重《やえ》畳一枚を重ねることになっていた。これは長さ八尺で、莚《むしろ》一枚、薦七枚を重ねてつくったもので、それで八重畳と称されたのだ。そして、この八重畳の南端に坂枕を安んじた。

このことによって、即位式に用いられる高御座と大嘗宮にしつらえられる寝所の結構が、「敷物」を敷くという点でほとんど同一の形をとっているということがわかるだろう。その二つは、ある同一の光源によって照らし出された二つの影絵のような趣を呈しているのだ。

とはいうものの、もちろん高御座そのものは第一義的には天皇が休むところなのではなかった。大嘗祭の寝所のように神とともに共寝共食する場所でないこともいうまでもない。そこはあくまでも、即位の事実を天下に向かって宣言する高い場所なのだ。それは、先にも述べたように大嘗祭におけるような闇に閉ざされた秘儀をおこなうところではなかった。

念のために、ここで慶応四年（一八六八）八月二四日に京都でおこなわれた明治天皇の即位式の場合を見てみよう。

参列者全員がそろったところで、天皇が高御座に就く。その高御座の左右には親王が立ち、さらに侍従四名と女官二名が侍立《じりつ》した。やがて命婦《みょうぶ》（女官）が高御座を覆っている帳《とばり》を上げると、参列者が再拝する。弁事《べんじ》（事務官）が北側の階段をのぼり、膝行《しっこう》して天皇に幣《ぬさ》をささげる。弁事が下がったあと、今度は神祇官《じんぎかん》の鷹司輔煕《たかつかさすけひろ》が昇殿し、天皇の奉幣《ほうへい》が終わった旨を奏した。

引き続き宣命《せんみょう》係が進み出て「宣命」を述べ、外弁（大臣）の上席にあった三条西季知《さんじょうにしすえとも》が参列者を代表して「御賀《みほぎ》の寿詞《よごと》」を奏上する。天皇の代理と国民の代表による贈答の儀礼といっていいだろう。その重々しい儀式のやりとりがあって、そのあと歌人・楽人が承明門《しょうめいもん》から入り、高御座に向かって楽を奏し、全日程が終了した。

このように、高御座は、あくまでも天皇が即位のときにのぼる高い玉座だった。そこから神と民に向かって新しい王の誕生を告げる聖壇だった。その点では、この高御座を大嘗宮にしつらえられる寝所（上座）と同一視することはもちろんできない。

そもそもその神秘の行事は、そこにもっとも近接してはべる関白ですらうかがい知ることのできない性格のものだったからである。

確かにそうなのであるか、しかし、この高御座には、同時に単なる玉座というにはどこか違和感を与える影が揺曳《ようえい》しているのも否定することができない。

というのも、第一に、その高御座の最奥の空間には「褥《しとね》」が敷かれていた。そして第二に、その高御座の内部空間は四方を御帳によって閉ざされていたからだ。それは、命婦という女官の手によって引き上げられることではじめて下界と接触できるしかけになっていた。

高御座は天皇の生命を一時的に闇のなかに密封する装置として機能していたのであり、その点でそれは大嘗祭の寝所と酷似している。少なくとも、大嘗宮における闇のなかの祭儀の記憶をかすかに引きずっているといえるだろう。

原点としての真床追衾

高御座の言葉としての用例は、すでに『日本書紀』の清寧《せいねい》天皇（第二二代、四四四?〜四八四?）、武烈《ぶれつ》天皇（第二五代、四八九?〜五〇六?）の即位の記述のところにあらわれる。いずれも高御座は「壇場」の語をあてられているが、天武天皇（第四〇代、六三一?〜六八六）の場合でいえば、天皇が有司《ゆうし》に壇場を設けさせて、飛鳥浄御原宮《あすかきよみはらのみや》で即位した、というように記されている。この壇場は、中国では祭礼をおこなうために設けられた一段高いところを意味する言葉で、たとえば『後漢書』の「光武帝紀」には、光武帝は有司に命じて壇場をつくらせ、皇位の位に就いたと書かれている。

先の清寧・武烈・天武の各期に登場するところの壇場をつくらせて即位をする記述は、この中国の皇帝の先例に倣ったものにほかならない。

しかしながら、その中国風の壇場に異変が生じた。一段と高い玉座を意味する壇場に新たな要素が加えられることになった。中国風の壇場が日本風の高御座へと推移する過程で、何事かが起こったのだ。

そのプロセスの詳細を跡づけることは今日ではほとんど不可能であるが、しかし、そこに多少の手がかりがないわけではない。若干の暗示がないわけでもない。

この問題を考えるうえで、私が自然に頭に思い浮かべるのは、『日本書紀』にあらわれる天孫降臨《てんそんこうりん》の場面だ。

すなわち、高天原《たかまのはら》ではアマテラスオオミカミの孫にあたるニニギノミコトを葦原の中つ国に遣わしてその国を統治させようとする。天つ神のタカミムスビノミコトがそのニニギノミコトの体を「真床追衾《まとこおうふすま》」によってすっぽり覆い、天降りさせる。皇孫ニニギノミコトは天の岩倉を離れ、天の八重雲を押し分けて日向《ひゅうが》の高千穂峯に降ったのである。

問題は、右の天孫降臨の一文に出てくる「真床追衾」である。マ（真）は美称で、オウ（追）は覆うこと。トコ（床）は座ったり寝たりする台で、高くなっているところ。フスマ（衾）はふす裳《ま》のことで、要するに寝具を意味する。だからこれを字義どおりに解釈すれば、高い台を覆う布団（寝具）ということになり、そのようなかたちにニニギノミコトの体を覆い包んで天降らせた、ということになるだろう。

そこから浮かび上がってくるイメージは、「床」に座るニニギノミコトが寝具に包まれて降下する姿である。降臨が終わり、地上に立ち、その覆いを取り払ったとき、ニニギノミコトは新しい葦原の中つ国の「王」として、「真床」の上に立っているのだろう。その真床は新しく誕生した王権を象徴する玉座であったに違いない。――天孫降臨という神話の世界は、そのようにわれわれに語りかけているのだ。

真床追衾に包まれたニニギノミコトは、あたかもマユにくるまれたカイコの姿に似てはいないだろうか。

カイコは自らの口から吐き出した繊維の褥《しとね》にくるまれて、身動きせずに休眠している。その闇のなかの沈黙、完全無欠の籠もりの時間、――その沈黙と孤独の時間がひそかに経過していった果てに、すべすべした豊穣な白銀の輝きがつむぎ出される。

ラジカルな禁欲と隔離の回路を通して出現する王権誕生の屈曲した過程を、それは絵に描いたように映し出しているといえないだろうか。

インキュベーション（籠もり）の隠喩《いんゆ》が天上界と地上界の再生のドラマを、その白銀に輝く多層の意匠によって織り上げているのだ。

その真床追衾の伝承が、大嘗祭における寝室の秘儀にまで深く影を落としていると私は思う。それのみではない。その影の切っ先は、即位礼のときに用いられる高御座の幽暗の内部空間にまで及んでいるのではないかと思う。

再びいえば、歴史世界に登場する大嘗宮の寝所（室）と高御座という二つの権威の装置は、神話世界に姿をあらわす真床追衾という王権神授神話と同血の双生児であった、ということである。

そして、まさにこの意味において、天皇の玉座としての高御座は、イングランド王の「ストーン・オブ・スクーン」ともインド藩主国の「ラージガディ」ともその性格を異にしていたといわなければならない。おそらくこの東西の玉座における性格の違いは、それぞれの王権の性格の相違に深くかかわりを持っていたのではないであろうか。

たとえばその相違点を際立たせるテーマの一つが、折口信夫によって提出された厳冬の深夜における鎮魂の儀礼、といった問題である。

それは、もはやいうまでもなく、祭りの時節における魂の賦活《ふかつ》と転移を促進するための秘儀であった。そして、それと類似のインキュベーションの観念が、高御座と大嘗宮という宮廷幽閉の凝縮された空間にも反映している。その観念の原像は、むろんいまだ不分明な神話の帳に覆い隠されているだろう。

しかし、それだからこそかえって、その観念の波動は何よりも血統の継承という脆弱《ぜいじゃく》な観念、王権にまつわるその致命的なアキレス腱に対する一つの練りあげられたアンチテーゼであったといってもいいのである。

もっとも、今日に伝えられている高御座は京都御所の紫宸殿に保存されている。これは大正と昭和の天皇即位の際に用いられたが、その玉座の部分には伝統的な「褥」にかわって近代的な椅子が取りつけられている。高御座の全体は古式にのっとってつくられているが、そのもっとも重要な中心部分に変更が加えられたのである。

近代天皇制の登場とともに、「玉座」とその意義も時代精神にそって整えられたといっていいだろう。

ついでながら、ここで思い起こされるのは、日本の天皇の玉座にはこれまで述べてきた「高御座」のほかに「御倚子《ごいし》」と称するもう一つの玉座が存在したということである。これは、御所の紫宸殿や清涼殿の殿上の間で、天皇が群臣の拝を受ける際に着座する椅子のことである。紫檀《したん》または黒檀《こくたん》でつくられ、両側と後部に低い勾欄《こうらん》を供え、鳥居型の背をつけている。そして腰を下ろす部分に、錦の縁飾りをつけた座布団を乗せているという。

この御倚子は正倉院にも所蔵されているので、その起源は古いといわなければならない。形態的にいっても西欧風の椅子式玉座に対応するものであるが、しかし、その様式は大陸から伝えられたものだった。しかも、先に触れたように、用途も主として謁見用に使われてきた。

高御座が果たした役割や機能とは根本的に相隔たるものであった。畳や褥を重ねる高御座によって構想される世界観とは、そもそも性格を異にする座具だったのである。

いずれにしろ、「玉座」という象徴用具に内包されている意味の束は、複雑な成層をなしている。その成層の構造を読み解くことによって、王権の本質をある程度明らかにすることができるだろう。玉座としての高御座は、まさにそういう意味の束としてわれわれの眼前に置かれていたのである。

このように、大嘗祭の秘儀の場面から高御座の高みへと視線を遡行《そこう》させ、移動させることで、そのような意味の束の背面に光をあててみようと試みた。

重なり合う生と死——殯《もがり》

天武から持統への皇位継承

『古事記』や『日本書紀』には、「神話」的な叙述の段階から「大嘗《だいじょう》」（おおにえ）や「新嘗《しんじょう》」（にいなめ）の語が登場してくる。

しかしながら、そこにあらわれる「大嘗」や「新嘗」の語は多義的な内容を伝え、かならずしも一定の方向を示すものではなかった。その用法上の混乱が整理され、やがて大嘗祭が新嘗祭と明確に区別されて用いられるようになったのは、天武天皇（第四〇代、六三一？〜六八六）以降のことである。

すなわち、大嘗祭が天皇の代替わりのときの「嘗」であるのに対して、新嘗祭が毎年おこなわれる「嘗」とされるようになって、両者の間に分化が生じた。いわゆる天皇の世代転換を画する「践祚大嘗祭」が正式に定められたのは、『弘仁式』（弘仁一一年〈八二〇〉成立）においてであるが、その「践祚大嘗祭」の祖形は天武朝の大嘗祭までさかのぼるだろうとされてきた。

天武元年（六七二）の冬、壬申の乱を勝ち抜いた天武天皇は、飛鳥浄御原宮に遷都し、翌二年の二月に新宮で即位の儀を挙げた。そして、この年の一一月になって大嘗祭をおこなっている。それを『日本書紀』によって見ると、こうなる。

十二月の壬午《みずのえうま》の朔《ついたち》丙戌《ひのえいぬ》に、大嘗に侍奉《はべりたてまつ》れる中臣《なかとみ》・忌部《いんべ》及び神官の人ら、併せて播磨・丹波、二つの国の郡司、亦以下の人夫等に、悉《ほしいまま》に禄《ろく》賜《たま》ふ。

ここでは大嘗祭のことが一二月の条下に記されているけれども、これはそれに奉仕した人々に対して恩賞を下賜したことを記したものであって、大嘗祭そのものは神祇令《じんぎりょう》に規定されているように前月の一一月におこなわれたと見てよいだろう。内乱の危機をくぐり抜けた天武天皇が、大嘗祭によってその王権の宗教的な基盤を固めようとしたのだ。

事実、この天武朝以降、持統天皇（第四一代、六四五～七〇二）と文武天皇（第四二代、六八三～七〇七）の時代にかけて、天皇の権威がいちじるしく高揚したことは、その後の歴史が証明している。

大嘗祭は単に新穀をもって神祇を祀る儀式であったにとどまらず、天皇家と天皇位の権威を確証するとともに、即位の礼の有効性を補完する儀式と意識されるようになった。

換言すれば、民間でおこなわれていた収穫祭としての新嘗祭に対し、宮廷儀礼としての大嘗祭を明確に区別しようとする意図が働いたのだ。

それならば、先の天武二年一一月におこなわれた大嘗祭は、天武天皇の即位を内面的に完成させるものとして真に安定した地位を得ていたということができるだろうか。王権の基盤を左右するほどの国家の秘儀であることが、はたして意識されていただろうか。それははなはだ疑わしい、と私は思う。

観念としての大嘗祭は、そのとき宮廷儀礼として明確に位置づけられたにしても、秘儀としての大嘗祭の不可避性はいまだ十分に自覚されることはなかったのではないかと思う。ここではまず、その理由を考えるところから始めてみることにしよう。

その場合、自然に浮かび上がってくる問題は、天武天皇の大嘗祭が次代の持統天皇における大嘗祭とどういう関係に立っていたのか、ということである。その両者の関係を考えることは、おそらく、大嘗祭の原初形態が、どういうものであったかを吟味することにつながるはずだからである。

天武天皇が大嘗祭を挙行したのは、先に触れたように壬申の乱が収束した翌年、すなわち即位第二年（六七三）のことだった。以降一三年の間、天武天皇の時代が続き、朱鳥《しゅちょう》元年（六八六）の九月九日になって天皇が崩ずる。そこで、皇后が直ちに天皇に代わって政治をおこなった。それを称制《しょうせい》という。先帝が崩じたあと、新帝が即位の儀をおこなわずに執政することをいう。不慮の事故にそなえて、とりあえずまつりごとをおこなった。

その直後、天武天皇の第三皇子、大津皇子《おおつのみこ》が謀反《むほん》のかどで捕らえられて自殺した。持統天皇は天武との間の子である草壁皇子《くさかべのみこ》を日嗣《ひつぎ》に立てたが、この皇子も持統三年（六八九）、二八歳で没した。

天つ日嗣の継承が未決定のなかで皇位の行方が危ぶまれたが、その翌四年（六九〇）の正月になって持統天皇は即位し、天下の大権を掌中にした。そして翌年の持統五年（六九一）一一月二日、大嘗祭がおこなわれたのである。

その間、天武天皇の死から持統天皇の即位までに約四年の歳月が流れており、大嘗祭のときまでを数えると実に五年の歳月を要している。先帝の死から新帝の即位までに、決して短くはない空白の期間がはさまれていたことになる。王権の継続が中断していたといってもいいだろう。

そこには、すでに見たように王位継承にかかわる確執と陰謀が底流し、「称制」者・持統天皇の政治的思惑が介在していたからだ。皇后は草壁の死に直面し、さらにその皇子・軽（のちの文武）がまだ七歳であった状況のなかで即位を決断したのである。

ところでいま、王権継受の長期にわたる中断ということをいったけれども、ここで特に留意しなければならないのは、その空白期間の前半に先帝・天武天皇の遺体がそのまま宮殿に安置されていたということだ。すなわち、朱鳥元年九月九日に崩じた天武天皇の遺体は、直ちに仮設された殯宮《もがりのみや》に移されたまま二年二か月の間、発哭《みね》、誄《るい》などを中心とする礼拝、供養を受けた。

死者の遺体をすぐに埋葬せず、一定の期間を限って安置することを殯《もがり》といい、その場所を殯宮という。古代の葬法の一つであり、特に埋葬以前の段階を指していう。

天武天皇の遺体を安置する殯宮は飛鳥浄御原宮の南庭に建てられていたから、そこは同時にその遺体が腐敗し、やがて白骨に移行していく場だったに違いない。いわば宮殿の南庭は、死のにおいと遺体の穢《けが》れに満たされていたはずである。

その天武天皇の遺体が最終的に大内陵《おおうちのみささぎ》に埋葬されたのが、持統二年（六八八）の一一月一一日だった。すでに述べたように、死のときから数えて丸二年二か月目である。そしてその翌年の持統三年（六八九）の四月一三日になって、皇太子草壁が逝《い》った。

皇后は自ら皇位を継承する腹を固める。年が明けて同四年の正月、即位がおこなわれ、それからさらに一年一〇か月を経て大嘗祭が挙行された。

見てきたように、天武天皇の死から持統天皇の王位継承までの間に、じつに五年の歳月が流れている。その前半は死の象徴に満たされていたが、その後半に至って即位し、大嘗祭の儀がおこなわれている。そこには、政治状況の混迷と並んで、天皇の死に対する新しい位置づけの問題が発生していたのではないだろうか。

不透明な大嘗祭の位置づけ

大嘗祭は、天皇の霊位を継承する伝統的な即位儀礼だった。正確にいえば、践祚（即位）と並んでおこなわれる即位儀礼の重要な一環をなすものだった。今、天皇の霊位を継承する即位儀礼といったが、この霊位を霊魂と言い換えてもいい。

むろん、その点で多少の議論がないわけではない。しかし、大づかみに言って、大嘗祭が代々受け継がれてきた天皇霊を継承する天皇家の秘儀である、と考えられてきたことは否定できない。

天皇霊の継承というのは、今日の目から見れば前近代的なフィクションとしてしか映らないだろう。しかしながら、そのフィクションは時代をこえ、二重三重の観念の防壁に囲まれて今日まで生きながらえてきた。

大嘗祭の初発を、仮に天武天皇、持統天皇のころと想定すると、じつにそれから一三〇〇年の歳月が流れている。もちろんその一三〇〇年の間には、いろいろなことがあった。天皇家が衰微し、その権威が地に落ちたことも一再ならずあった。中世の戦乱の時代には、大嘗祭そのものがしばしば中断を余儀なくされたのだ。

しかし、それにもかかわらず、大嘗祭儀礼は歴史の波間をかいくぐって今日まで生き延びた。天皇霊の継承というフィクションは断絶することなく、われわれの時代まで命脈を保ってきたのである。

いったいどうしてそういうことが可能だったのか。そしてまた、そのような王位継承方式は、しばしばいわれるように、はたして日本においてのみ見られる独自の儀礼だったのか。

その問題に入っていく前に、ここで一つだけ確認しておきたいことがある。

一般に、イギリスなど西欧の王位継承に関する議論では、二つの儀礼が問題にされる。前にも述べたことだが、一つは、先王の死の直後におこなわれる王位継承の儀礼（即位）であり、これをアクセッションという。これに対して、新しい王の即位を内外に宣言するための典礼としての即位儀礼があり、これをサクセッションといった。

これをわが国の場合にあてはめると、践祚が第一のアクセッションにあたり、先王の死の直後におこなわれる剣璽《けんじ》等承継の儀がそれに該当する。これに対して、そのあとに挙行される即位の礼が第二のサクセッションに相当することはいうまでもない。つまり、西欧流の王権論の枠組みでいうと、剣璽等承継の儀と即位の礼の二つの儀礼をおこなうことで、天皇位の継承は完了していいことになる。

しかしながら、天皇の王位継承儀礼には、そのほかさらに大嘗祭がつけ加えられるのである。とするならば、それははたして西欧概念のサクセッションのうちに含まれる儀礼であるのか、それともサクセッションとは別個の特殊な儀礼を意味するのか、という問題が起こる。ところが、ここのところがよくわからないのだ。

それだけではない。大嘗祭を儀礼として見た場合、そこにはあまりにも不透明な部分が多いというのが、誰しも抱く感想ではないだろうか。

だが、あえて結論を先取りしていえば、大嘗祭の意味をわかりにくくしている最大の原因は、大嘗祭が先王の葬儀とまったく切り離された文脈のなかで語られてきたことのうちにあると私は思う。先の天皇の葬儀とは直接つながらない、水準を異にする儀礼とみなされてきたところに問題があったと思う。

生と死を結ぶ「殯」

この問題を考える手がかりとして、ここでは歴代天皇の死に際しておこなわれた殯の儀礼を取り上げてみたい。殯というのは、死後その人間の遺体を一定期間地上に安置することをいう。そのために仮の宮を建てる。これを殯宮といった。遺体は、その殯が過ぎてから埋葬されたのだ。

死後、遺体を埋葬せずに地上に安置したのは、むろん天皇家の場合だけではなかった。当時の貴族たちもこれに倣い、一般の庶民の間でもおこなわれる場合があった。しかしこの殯を長期にわたっておこない、しかもその間さまざまな儀礼を挙行した点では、天皇家の場合が際立っていた。

それについては、『日本書紀』に記されている前述の天武天皇の場合が参考になる。天武天皇の殯期間は二年二か月の間続き、そのあとになって遺体が埋葬された。その間、亡くなった天武天皇の生前の功績を称える「しのびごと」が奉られ、同時に死をいたむ「発《み》哭《ね》」（「奉る」の意）の儀礼が繰り返しおこなわれている。

しかも注意すべきは、その殯の全期間にわたって仏教僧が参加しているという点だ。以後、近世の末期まで、天皇の葬儀に仏教僧が関与することが常態となり、じつに天武以来千数百年の間、仏教僧の手によって天皇の葬儀がおこなわれてきたのだ。

それでは、いったい、どうしてそのような殯の儀礼がおこなわれたのか。古代天皇の場合に限っていえば、殯の期間は長短さまざまだった。だからその理由も、当然のことながら一義的に決めるわけにはいかない。たとえば、その期間に招魂の儀がおこなわれたのだとする説がある。死者の魂を呼び返し、蘇生を期待したのだという。

殯が三日とか一週間とか短期の場合は、そういうことがあったかもしれない。しかし、それが三か月、半年、そして一年、二年と続く場合はどうだろうか。そこで、殯は危険な死者霊を封鎖し、慰撫《いぶ》するための儀礼装置だったのではないかという説が別に提出された。死の穢れに対する恐れの感情が、そういう儀礼を誘発したと考えたのである。

そういうことも、むろんあっただろう。また、王位の継承者が決まらないため、遺体の埋葬をしばらく猶予したのだとする政治上の理由が主張されることもあった。

このように、古代天皇の場合、殯儀礼をおこなう理由は一義的には決められない事情があった。

しかし、それにもかかわらず、そこには一つだけ共通した観念が横たわっていたのではないだろうか。すなわち、その殯期間は、いわば生と死の間を結ぶ宙ぶらりんで不安定な状態を暗示しているということである。

その場面では、息を引き取ったはずの遺体はまだ完全には死んではいない。招魂説が出てくるゆえんがそこにある。遺体は依然として、この世からあの世である他界に移行し切ってはいない。なぜなら、それはまだ最後の埋葬の儀礼を経ていないからである。

つまり、殯の状態に置かれた遺体は、生理的には死の兆候を示しつつも、しかし社会的にはいまだ完全に死の宣告を下されてはいない。先に、死と生の間の宙ぶらりんで不安定な状態といったのもそのためである。

私は、その殯という観念に包まれた特殊な状態は、霊と肉の分離が徐々に進行している状態をいったものだと思う。

息を止めた遺体は、生理的には死人のものと考えられたはずである。しかし、息を止めたからといって、遺体はかならずしも霊魂との別れを実現しているのではない。遺体が腐敗の兆候を示し、招魂の試みが不可能となった時点で、はじめて霊魂が肉体から去ったと判断されたに違いない。

その霊肉分離の最終判断が下されるのが、埋葬のときであったと思う。もしもその間に社会的政治的事情が生じたときは、その最終判断が人為的に引き延ばされることもあっただろう。

いずれにしても、殯は霊肉の未分離の状態が分離の状態へとしだいに移行していくプロセスをあらわしていたのではないだろうか。そこでは生と死の観念が重なり合い、融合しているといってもよい。生理的には死んだはずの遺体が、社会的にはまだ生きているかのごとく遇されているのである。

殯と王位継承

この古代的な殯の儀礼には、王位の継承に関して見逃し得ない二つの観念が含まれていると思う。

その第一は、王位の継承に関してしばしば生じがちな「空位」の状態を、それによって巧みに回避することができたということだ。

先帝が死んで新帝がまだ決まらないようなとき——そういう事態はしばしば生じた——

死んだ先帝の遺体を完全に死んだものとはみなさず、社会的にはまだ生きているかのごとく扱うことで、王位の中断という危機的な政治状況をうまく回避することができたということである。

そして第二の観念が、霊位の継承という問題である。先に殯というのは霊肉分離の過程を意味するものといったが、その分離された霊魂を新しい王の体に憑依《ひょうい》させる決定的な「時」が、殯期間の終了とともに熟する。その意味で、殯のあとにおこなわれる遺体の埋葬は、霊肉分離の完了を告げる儀式なのである。

代々の天皇の体に内在していた霊位（＝霊魂）は、天皇の死を契機にして、古い天皇の体から遊離して新しい天皇の体に漂着する。この霊位転換のドラマを演出する場所が殯宮だったのであり、それに続く大嘗祭の仮設された舞台だったのではないか。

大嘗祭儀礼を右の殯儀礼と接続した文脈のなかにおいて見るとき、われわれは霊位転換のドラマがそこでもっともスムーズに、連続しておこなわれるであろうことをはじめて納得できるのである。

こうして、死んだ古い天皇の遺体を葬る行為と新しい天皇の誕生を告げる大嘗祭が、ひと続きの儀礼として切り離すことのできないものであったことがわかるだろう。古い王の死は、新しい王の生成と中断なく連続するものと意識されていたのであり、そのような連続の観念を可能としたものが殯だった。

生理的な死と社会的な死という二重の観念を前提にする殯が、霊位の転生にもとづく王位の継承を可能にしたのだといってもよい。それは王位の「空位」状態を回避するとともに、霊位の転移を促進するきわめて巧妙な儀礼装置だったのである。

大嘗祭は、このように葬送儀礼と直接結びつけて眺めるとき、その生き生きとした本来の姿をあらわすはずである。

だが、それをひとたび死の儀礼である葬送と切り離してしまうとき、その本質は隠蔽され、その存在意義を喪失するほかはない。まずこのことを念頭に置いておくことが、大嘗祭を考える場合、最重要の思想的な課題ではないかと思う。

そして、われわれの思考の軸をこのように定めるとき、大嘗祭に見られる儀礼的な特質がかならずしもわが国だけに見られる固有のものではなかったということに気づかされるはずである。なぜなら、たとえば中世のヨーロッパにおいても、王位の継承が先王の葬儀と密接な関連のもとに執行されていたからだ。

中世ヨーロッパにおける王位継承

一三一六年にフランス王のルイ一〇世が死んだとき、弟のフィリップ王はたまたまリヨンに滞在していた。そのため彼は、兄の未亡人がパリでおこなった葬儀に列席することができなかった。

しかし、やがてパリに帰ったフィリップは兄のために二度目の葬儀をおこない、その時点で自分の新しい王権の誕生を正式に宣言した。

要するに、フィリップは兄の未亡人がおこなった葬儀の無効を宣し、第二の葬儀までの間、先王の遺体を「死者」とはみなさなかった。なぜなら、彼にとって先王の死を確認する時点は、新王の誕生するときでなければならなかったからだ。

当時の風習として、葬儀に際し、王の遺体は王冠をつけて王笏《おうしゃく》を持ち、葬列が続く間はあたかも生ける者のごとくに扱われた。また、王が死ぬと彼の肖像が祀られ、生ける者に対するように食事が饗《きょう》される場合もあった。

葬列を組むときには王冠の上にその肖像が安置され、棺のなかに納められている遺体に代わって王そのものの存在を肖像が象徴しているとみなされた。肖像のなかに死んだ王の「生命力」が転移していると考えられていたのである。

葬列が墓場に到着し、いよいよ遺体が埋葬される段になってはじめて肖像が取り除かれた。そして王冠が墓のなかに没し去るその瞬間、新しい王が公衆の面前に進み出る。王は王冠と王笏を棺の上に置き、王冠と剣に手に触れて、「王は死んだ」と三回唱えた。それと同時に、「国王ばんざい、フランス王ばんざい」の叫びが上がった。

中世のフランス王の王位継承の場面にも、葬儀と王位継承がひと続きの儀礼と考えられていたのだ。

もっとも、この場合、死んだ王の体から新しい王の体に転移するものは、かならずしも「霊的なもの」ではなかった。そこがわが国の大嘗祭と大きく異なるところだろう。

しかし、それにもかかわらず、王の持つ強い生命力のようなものが葬儀を媒介にして転移すると考えられていたところは、やはり大嘗祭との関連で注意すべき重要な点ではないだろうか。

ダライ・ラマ一三世

このフランス王の場合よりもいっそう興味を引く事例が、チベットのダライ・ラマの場合であろう。

一九八九年秋、インドに亡命中のダライ・ラマ一四世にノーベル平和賞が与えられた。彼は一九五九年に起きたチベットの動乱によって祖国を去ったが、チベット「本土」における民衆のダライ・ラマ崇拝はいまなお根強い。

そのダライ・ラマ一四世が、前代のダライ・ラマ一三世の死により、その跡を継いで即位したのが一九四〇年であった。しかし、この王位の交代劇には、いくつかの解きがたい謎がまとわりついていた。まず、事の顛末を発端から概観してみることにしよう。

先代のダライ・ラマ一三世が死んだのが、一九三三年である。直ちに貴族からなるチームが編成されて、次代のダライ・ラマとなるべき「霊童」、すなわち霊位ある子供の探索がはじまった。この霊童のことを転生者《てんしょうしゃ》という。先代のダライ・ラマの生まれ変わりという意味である。

その結果、現在のダライ・ラマ一四世が発見されるのだが、その一四世が生まれたのが一九三五年だった。先代のダライ・ラマ一三世の死後二年目のことである。

そして、それからさらに五年たった一九四〇年になって即位の儀式がおこなわれ、一四世が正式に誕生した。先代の一三世が死んでからじつに七年の歳月が流れている。

むろん、その間に、次代の転生者となるべき人間について慎重なテストが秘密裏におこなわれていた。卜占《ぼくせん》や奇瑞《きずい》のたぐいも動員されている。

もしもそうだとするならば、その間、「王権」の継承はどのように考えられていたのだろうかという問題が生ずる。一三世の死と一四世の誕生の間の二年の空隙、そしてそのあとの即位礼までの五年の空隙――合計七年の「空位」状態をいったいどのように理解したらよいのか、という疑問である。

端的にいって、その謎を解く鍵は、先代の遺体をミイラにすることのうちに隠されているのではないかと私は思う。

チベットにおけるダライ政権は一七世紀に確立し、以後約三〇〇年の歴史を経て今日に至っている。その間に、死んだダライ・ラマの遺体をミイラにしてポタラ宮殿の宝塔に安置する風習ができあがった。

すべてのダライ・ラマがそのようにして葬られたわけではないが、宮殿の中央部には今日なお代々のダライ・ラマの数体のミイラが、巨大な宝塔のなかに納められているのだ。

このダライ・ラマの遺体のミイラ化については、儀礼的に見て少なくとも二つのことが考えられると思う。

第一は、ミイラ化によって遺体の永世を表現しようとしたということだ。そして、この遺体の永世という観念のうちには、死者があたかも生ける者のごとくに遇されているイメージが宿っている。

第二に、そのミイラ化された永世のシンボルには、ダライ・ラマ自身の霊魂が憑依していると信じられていることだ。ミイラは、むろん単なる物質的な遺体であるのではない。それは祭祀の対象とされる存在だが、それというのも、死んだ王の霊位がそこに付着していると考えられているからなのである。

このように見てくるとき、ダライ・ラマ一三世の即位との間に横たわる七年の「空席」は、単なる王権の中断を意味するものではないことがわかるだろう。なぜなら、その七年の空白の期間においても、死んだ一三世の遺体はあたかも生ける者のごとくポタラ宮殿の宝塔のなかに鎮座し、その霊位がそこに厳然と宿っていると観念されていたからだ。

これを先の例に倣っていえば、ダライ・ラマ一三世は生理的には死んでいても、なお社会的には王権の象徴の地位にとどまり続けていたということになる。彼は死してなお、一四世が即位をするその日まで生き続けていたのだ。

私は先に、日本における古代天皇の殯は、儀礼的には霊肉分離の過程をあらわすものであったということをいった。そして、このように分離された「天皇霊」を次代の天皇の体に憑依せしめるところに、大嘗祭の本来の姿があったのではないかと推定してみた。殯は先王の死と新王の即位を結びつけるための、実に巧妙な肉体の二重装置を意味したということを述べた。

そして、この肉体の二重装置が、じつをいえば古代日本においてだけでなく、いま述べたように中世ヨーロッパの王権やチベットのダライ・ラマ王朝においても同じような文脈のもとに見出せる特徴だったのではないかと考えてみたのだ。

そのうち、とりわけ「霊魂」の転移という加工されたフィクションを重視している点で、古代天皇の死における殯とダライ・ラマの死におけるミイラ化とは、ほとんど至近距離で対比しうる儀礼であったということができるだろう。

タマ祭りとイネ祭り

現実の大嘗祭は、きわめて古い時期から、先王の死にかかわる葬儀と明確に切り離されたかたちでおこなわれてきた。そのいきさつについて、詳述している余裕はない。だが、八世紀の『養老律令』によると、天皇の即位が七月以前のとき、大嘗祭はその年の一一月におこなわれ、即位が八月以降にずれ込む場合は、翌年の一一月におこなわれることになっていた。すでにこの時期に、先帝の葬儀と新帝の大嘗祭は践祚の儀をはさんで遠く引き離されていたことになる。どうしてそういうことになったのだろうか。

端的にいって、先帝の死の穢れがそこに強く意識されるようになったからだ。新帝の践祚は先帝の死に接続しておこなわれなければならないが、しかし、新帝の大嘗祭は死の穢れが消滅した時期、すなわち服喪の終了したときを待っておこなうという観念が生じたからだ。先帝の遺体を媒介にして、「穢れ」の期間と「清め」の期間が明確に区分されるようになったのである。

こうして律令に規定される「践祚大嘗祭」のタームは、より正確には穢れのなかでおこなわれる「践祚」と、清めのなかでおこなわれる「大嘗祭」という二つの観念の合成語として読まれなければならない。

先帝の死の穢れのなかでおこなわれていたはずの大嘗祭が、死の穢れを払拭した大嘗祭へと、その性格を変えてしまったのだ。
繰り返していえば、穢れのなかの大嘗祭が清めのなかの大嘗祭へと変身を遂げたのがすでに八世紀のことだった。律令体制がその軌道を敷いたのだといってよい。こうして、清めのなかの大嘗祭の伝統が、今日までほぼ一三〇〇年の間連綿として続いてきたのだ。

それでは、穢れのなかの大嘗祭は、清めのなかの大嘗祭へとその性格を変えることによっていったい何を失い、そして何を得たのか。

細部を切り捨てていえば、天皇霊の継承という秘儀的側面が闇のなかに隠蔽される一方、それに代わって収穫儀礼の側面に光があてられるようになったのだ、と私は思う。あるいは、先帝の死と葬儀に結びつく契機を失う代わりに、秋の新嘗祭と結びつく契機を強めていったのだといってもよい。

大嘗祭のなかから、穢れをまとう「タマ祭り」の要因が消去されて、清らかな祝禱《しゅくとう》を伴う「イネ祭り」の要因が浮上してきた。それ以降、大嘗祭はもっぱら新嘗祭との関係のなかに位置づけられることになり、葬儀との関係のなかで語られることはまったくなくなるのである。

新嘗祭とは、その年にとれた新穀をアマテラスオオミカミにそなえて天皇が一緒に食べる儀式だった。すなわち、神人共食の儀を伴う収穫祭だった。

この収穫祭としての新嘗祭が天皇の代替わりにおこなわれるときに限り、特に大嘗祭と呼ばれるということはいままで見てきたとおりだが、タマ祭りとしての大嘗祭がイネ祭りとしての大嘗祭へと転身を遂げた姿がそこに見られる。そして、その転身の核心を絵に描いたように示すのが、今日までおこなわれてきた大嘗祭の祭儀そのものである。

それはまず、大嘗祭の半年前に、祭祀用の新穀を供出する地域の選定から始まる（四月）。次いで稲穂を抜き取る儀礼（九月）、祭儀用の酒、にえ、衣服などの調整（一〇月から一一月）がおこなわれ、それに並行して天皇の禊《みそぎ》儀礼（一〇月）があり、大嘗宮が造営される。こうして一一月の卯の日の深夜から翌朝の明け方にかけて、大嘗祭が執行される。

悠紀殿と主基殿の二つの殿舎でまったく同じ儀礼がおこなわれることは繰り返して述べた。そのあと三日にわたり、大嘗祭儀が無事終了したことを祝って節会《せちえ》がおこなわれ、全日程が終わる。

しかし、それでは一一月下旬の卯の日、その深夜におこなわれる大嘗祭の儀礼とはいったいなんだったのか。それを明示する資料はほとんどないに等しく、それを実見したものもほとんどいない。そこからさまざまな憶測が噴出し、仮説や想像が生み出されたことは周知のことだ。

しかし、事態を冷静に見てみよう。右に見た大嘗祭の日程によるかぎり、大嘗祭を取り囲む儀礼のネットワークは、明らかに天皇を中心とする秋の収穫祭の性格を色濃く浮き上がらせている。儀礼の流れのなかでは、あくまでも稲祭りとして観念されているのだ。

一一月下旬の卯の日におこなわれる大嘗祭の「秘儀」を、稲に関する祭儀が十重《とえ》二十重《はたえ》に取り囲み、その秘儀の深層構造を覆い隠しているといってよいだろう。先帝の葬儀と連動しつつ、穢れのなかでおこなわれたタマ祭りの性格が、注意深く、慎重に封印されてきた。

だが私は、大嘗祭の本質はそのタマ祭りのなかに潜んでいたと思う。大嘗祭を押し包むイネ祭りのネットワークは、すべてその本質を覆い隠すための粉飾であったとさえ思う。その粉飾をはぎ取るとき、われわれははじめて、大嘗祭のいわば始原的な裸形に直面することになるのだ。

このように考えてくるとき、日本天皇制の性格が、チベットのダライ・ラマ王制のそれときわめて類似したものだったことにあらためて気づかされる。なぜなら、王権の継承が霊位もしくは霊魂の転生によって保証されるという、その神権性的性格において、両者はまったく同質の観念を体現していたと考えられるからである。

こうして、われわれは現行の大嘗祭をその本来の姿に還元して眺めるとき、それがかならずしも日本固有の祭祀ではなかったという結論に行き着くのである。

大嘗祭は、先帝の死の場面に近づけて解釈しようとするとき、普遍的な文脈のなかでその明晰な像を結ぶはずだ。

それに対し、それを即位の礼（サクセッション）を補完し、荘厳する儀礼として位置づけようとするとき、これまでもそうであったように、大嘗祭は相変わらず特殊で日本的な不可解な幻想を周囲にまき散らし続けるほかないのだ。

結論を言おう。秘儀としての大嘗祭は、律令国家とその後裔《こうえい》が千数百年にわたって演出してきた壮大な隠蔽のドラマだったのではないだろうか。

第二章

象徴天皇制を考える

天皇とは何か

天皇、その定かならざる像

天皇はいったい宗教的存在なのか、あるいは政治的存在なのか、またはその両者の要素を含む混合的存在なのか。この問題が論議されはじめてからすでに久しいが、いまだ決着はついていないし、今後もつきそうにない。いってみれば、天皇制についての永遠の課題がそこにあるともいえる。

天皇は神を祀《まつ》るものであると同時に神として祀られるものだったことは、上代以降の累々たる文献の山が明記するところであり、近世、近代の学者や識者も等しくこれを認めている。天皇はかくして神主であり、生き神や現人神《あらひとがみ》であり、そして何よりも人間だった。天皇が人間になったのは、何も第二次世界大戦に日本が敗北したときに突然生じた偶発事ではない。通常の肉体に異常なる霊威を封じ込める一個の人格であった。

天皇は人間であり、神主であり、生き神だったが、しかしその三者の関係はといえば、いまだ曖昧模糊《あいまいもこ》として、伸縮自在の定かならざる像を結んでいるにすぎない。それはまず歴史的にそうだったし、また機能的にもそうだった。

しかし、ここに確実な事実が一つだけある。われわれ日本人の側が、同時に人間であり、神主であり、生き神であるような「天皇」という存在を必要としてきたということである。そこには日本人の心意現象の独自性という問題が存在しているが、もっと端的にいって、日本人の天皇信仰、あるいは天皇崇拝の基礎構造はいったい何かという問題がそこからは立ちのぼってくる。

イギリス王室のエリザベス二世は、大英帝国の首長という地位をはじめとして数多くの称号を持っているが、そのなかに「信仰の擁護者」という伝統的な称号がある。ヘンリー八世がルターに反対する論文を書いたとき、ローマ教皇から与えられたものだ。

したがって、それは反宗教改革の保守的心情と世俗の権威とを象徴している。イギリスの国王はあくまでも信仰の「擁護者」なのであり、したがって神を祀るものでもなければ、まして神として祀られるものでもない。

それに対して、わが国の天皇は、かつて特定唯一の宗教の擁護者であったことはないし、それを自称したこともない。信仰の統一者でもなく、したがって宗教の宣布者でもなかった。天皇はむしろ宗教や信仰の形式や運動の埒外《らちがい》において、それらとは次元を異にする回路によって不可思議な霊威を放射し、超常的な影響力を行使してきた。いわば天皇信仰を内側から充電してやまない宗教性の秘密は、むしろ目に見える宗教の外形的な殻や枠組みを破るところに蔵されているといってよいだろう。

聖なる幽閉空間

ドイツの社会学者のマックス・ウェーバーは、日本の天皇に付着している象徴的意味を、チベットのダライ・ラマのそれと同種のものと考えていた。

ウェーバーによれば、神政政治の元首として歴史的に君臨してきた天皇は、徳川幕藩体制の確立以降、京都の「教権制的な密室」に閉じ込められてきたといっている。ここでいう「教権制的な密室」というのが、京都御所を指していることはいうまでもない。これはいわば、君主の制度化された密室幽閉という事態を意味するが、それがチベットの神政政治のなかにおいても確立されていたことを彼は予想していたのである。

代々のラマ教会の首長であるダライ・ラマの化身は、僧院内の「密室」で長期間修行僧としての訓練を受け、青年に達するまでの間、厳格な苦行生活のなかで学問教育を授けられる。そういう禁欲主義的な環境のなかで聖化された空間を、ウェーバーは「聖職僧房たる密室」と呼んでいるのである。そしてこのような密室空間こそが、わが国の天皇における公私にわたる生活の全面を覆っていたことをわれわれは知っている。

もっとも、日本の天皇制が、その密室的僧坊に恒久的な閨房《けいぼう》をあわせもつ世襲制を取っていたのに対し、チベットのラマ教会は、その密室を「独身僧坊」として隔離している。ラマ教会はその首長の後継者を選ぶのに神託と兆候による聖童探索をおこない、それによって発見された童子を前任者の化身として指名する。

いわば、天皇の地位の継承は「世襲カリスマ」によっておこなわれるのに対して、チベット教会の首長のそれは「化身カリスマ」によっておこなわれるという差異がそこに横たわっている。そして、このようなカリスマがそれぞれに示す超常性の源泉は、神道とかラマ教とかいった単なる宗教的な形式をこえて、その背後に深く秘匿されているのである。

ウェーバーは、君主の永続的な宮廷幽閉（すなわち密室化）が、じつは現世的支配者の自己正当化の手段として利用されてきたと述べている。

支配者の世俗的権力が弱体であるとき、その権力の正当性はほかの教権制的なカリスマの力によって保証される必要がある。自立的なカリスマ性を有している支配者といえども、神事についての職業的・専門的精通者によって承認されることがなければ、その地位は不安定であると考えられたからだ。

こうして神の化身としての君主が、宮内省とか高級祭司といった世俗的な機関によって外部世界から隔離され、触れるべからざるものとして聖化（＝幽閉）されるのである。

君主を神の化身として密室に隔離することを、ウェーバーはいみじくも「箱入り化」と称している。この君主のカプセル化こそは、一方で君主それ自体の無力化をもたらすと同時に、他方では、世俗権力の支配へと導く制度的な神事であったということができよう。

世俗的権力は、超越的であるべき神の化身に対し、「後見者」として臨み、そのかぎりにおいて被支配者による直接の責任追及から逃れようとした。彼らは自己の地位が安定したとき、密室化された化身、もしくは世襲カリスマを背光として、被支配者に対抗するのである。

天皇は無菌状態の空間に密室化されることによって、ひそかに神に仕えるもの、または神霊に憑《つ》かれるものとなり、無数の病菌＝邪霊に満たされた俗的な世間からは神的な存在として礼拝されることになる。彼は密室における儀礼的な生活を通して、神主であると同時に生き神でもある二重の生を生きるのだ。

俗的な世界は密室内の状態をうかがい知ることができないために、それを崇拝するほかはない。この密室の神事を隅から隅まで知りつくし、それを政治的に利用することに巧みであったのが宮宰や将軍、高級祭司や貴族層だった。

彼らは天皇を密室に閉じ込め、それを制度化することに意を用い、天皇制の宗教的基礎を冷静に築いた知的エリートたちだった。

支配装置としての宮廷の礼儀作法

世に皇帝や国王に対して嘲笑・冷笑を浴びせる例は数知れないが、それはしばしば宮廷における礼儀作法と儀式に対する故意の誤解から発している。

周知のように、ルイ一四世（一六三八〜一七一五）は、一七世紀から一八世紀にかけてフランスのブルボン王朝を全盛期に導いた国王である。その意味ではヨーロッパにおけるもっとも偉大な国王の一人であったのだが、宮廷では不遇な生活を送っていた。

サン・シモン公爵は、ルイ一四世の知力について「中程度以下」であったといっている。そしてまた、彼とほぼ同時代の啓蒙思想家のヴォルテールによれば、ルイ一四世が習得したのは、せいぜいダンスの仕方とギターの弾き方だけであったということになる。

しかしながら、これらの表現は、おそらくルイ一四世という「太陽王」に対する不当な嘲弄というものだろう。

なぜなら当のサン・シモンも、国王は宮廷でおこなわれる祝祭や散策や小旅行の機会を、臣下に対する褒賞や処罰の手段として利用し、招待するかしないかによって好意を示したり、ねたみを起こさせたりした、と指摘しているからだ。

その点で、国王は明らかに「分割して統治」していたのであり、宮廷における「礼儀作法」を支配のための調整・監視・安全確保のための装置として活用していた。

ルイ一四世時代のこのような「礼儀作法」の装置について周到・鋭利な分析をおこなったのが、たとえばノルベルト・エリアスの『宮廷社会』だった。

彼によれば、宮廷ではさまざまな「嫉妬」が社会的均衡を保ちながら国王の周りで渦巻いていた。国王は、まさに曲芸師さながらそのうえでバランスを取っていた。ルサンチマン（怨恨感情）の監視者、もしくは調整者というわけであるが、それを可能にする秘訣が、その太陽のごとき国王との間に慎重に「距離」を保たせることだったという。

すなわちそれは、彼の周囲に礼儀作法と儀式を通して殺到してくる人々をせき止めるために厳密に決められ、遵守されていた「距離」である。その距離を油断なく監視し、その間の微妙なバランスを取ることに手練を発揮したのが、ルイ一四世だった。

まことにエリアスのいうとおり、「礼儀作法」は国王にとっては、単に距離を保つための道具だったのではなく、支配のための道具でもあったのだ。

たとえば、ルイ一四世自身の言葉に耳を傾けてみよう。

余が支配している人民は、事物の内奥を見通すことができず、通常は表面的な外見に従って判断をくだしている。彼らが権威や服従に関して判断の基準にするのは、たいていの場合、席次や位階である。民衆にとっては唯一者によって統治されることが重要であるように、統治の機能を果たすものが、自己と混同したり比較したりできる人物を誰も持たないほどはるかに他者をしのいだ地位についていることが、同時に重要なのである。（『追想録』）

この慧眼《けいがん》を見よ。彼はあの出所不明の「朕《ちん》は国家なり」によって偉大だったのではない。

右に見たような儀礼主義者としての徹底性においてこそ偉大だったのだ。

「入室特権」という位階

ひと口に儀礼といっても、その範囲は限りがないだろう。事柄を宮廷儀礼に絞ってみても、挙げるべき項目はおびただしい数にのぼるに違いない。その意味では、儀礼に重要性を強調することは何も言わないに等しい。

したがって、問題は宮廷儀礼の要所をどのような観点から押さえるかということになるが、たとえば先のブルボン王朝の場合でいえば、国王の部屋に入るための「入室特権」の制度などは、さしあたり興味をひくテーマではないだろうか。

「入室特権」というのは、『宮廷社会』の著者エリアスによれば、国王の寝室に入る特権を持つものがその地位によって六つの集団に分かれていた制度をいう。

第一は、「家族入室特権」というもので、これに与かるのは国王の嫡子や嫡孫、侍医長、近侍長、小姓たちである。

次が、「大入室特権」と呼ばれるもので、寝室および衣装部屋つきの大官。

第三が、「第一入室特権」で、国王への進講者、儀典長など。

第四が、「寝室入室特権」というもので、いわゆる寝室係、宮中司祭長、大臣、次官、近衛《このえ》将校、元帥。

第五が、第一侍従に推薦された貴族の男女。

そして最後のカテゴリーが、特に国王の大きな寵愛《ちょうあい》を受けている者たちの特権で、国王の一族を含め、みなから競ってその資格が求められた。それというのも、この集団に属している者たちは、国王の会議中以外はいつでも国王の執務室に入ることが許され、国王がミサに出かけるまでは、また国王の病気の場合ですら、その部屋にとどまることができたからである。

朝、国王がまだベッドにいるうちに入室を許されるのが、最初の二つの集団に属する者たちであった。彼らの誰かが入室するとき、国王は小さい鬘《かつら》を被っていた。なぜなら、国王は鬘なしでは決して人前に姿を見せなかったからだ。

国王の官服を調える者、肌着を持つ者、国王の腰に礼装用の剣をベルトで留める者、低声で祈禱《きとう》する者、などなどの「儀礼」が痛ましいほどの厳密さで運ばれていく。これらの細かい分節化された礼儀作法の静かな進行は、それ自体が厳しく段階づけられ、一種の呪物的性格にまで高められた威信価値の表示だった。

これとまったく同じ手順が、王妃の朝の引見の場合にも適用されたことはいうまでもない。煩瑣《はんさ》をいとわずにいえば、王妃が着物を身に着ける際、肌着を差し出すのは当直の侍女であり、ペチコートと服を着せるのは女官だった。だが、そこに王家の皇女が居合わせた場合には、王妃に肌着を着せる権利はこの皇女のものになった。

——あるとき、王妃は侍女たちにすっかり寝間着を脱がされてしまっていた。腰元が肌着を女官に手渡したところへ、オルレアン公妃が部屋に入ってきた。すると女官はその肌着を腰元に差し戻し、その腰元からオルレアン公妃に渡そうとしたとき、運悪く、今度は位階がさらに上のプロヴァンス伯爵夫人が入ってきた。そこで肌着は再び腰元に戻され、ようやく王妃は、この伯爵夫人の手から肌着を受け取ったのである。

王妃はこの間中、神が創造されたとおりの素裸のままで立ち続け、貴婦人たちが彼女の肌着を手にしながら挨拶し合っているのを傍観していなければならなかったという。

見てきたように、ここでは愚劣と滑稽の同居しているような「入室特権」が、一種の無方向のリゴリズム（厳粛主義）の域にまで達してしまっているのだが、それももとはといえば、「距離」とそれにもとづく「威信」に対する呪物崇拝に発するものであった。国王の寝室をめぐってはりめぐらされたネットワークの関係が、その呪物崇拝の根元を照らし出しているといえるだろう。

そしてその際、距離と威信の頂点に立つ国王が、ヴェルサイユ宮殿において「私的な部屋」と呼びうるようなものをほとんど持っていなかったことに注意しなければならない。

国王はその「宮廷」にとどまっているかぎり、自分の生活の隅々まで支配していた礼儀作法との共生から逃れることはできなかった。彼は、その盛時（一七四四年）には使用人をも含めて約一万人の人間が住んでいたといわれるヴェルサイユ宮殿において、ほとんど私生活を奪われていたのだ。

「入室特権」は、むろんわが国の宮廷生活においても姿を変えて生きていた。天皇の公的な儀礼空間である「紫宸殿《ししんでん》」はもとより、主としてその私的な居住空間として機能した「清涼殿《せいりょうでん》」への「入室特権」が、厳密に段階づけられた威信の距離にもとづいて等級化され、限定されていたことは周知のとおりである。

たとえば「殿上人《てんじょうびと》」というのは、官位が三位以上、および四位、このうち昇殿を許された者、そして特別に「六位の蔵人《くろうど》」をいったが、昇殿とは天皇の日常の居所である清涼殿の南面の殿上の間にのぼることを意味した。

また「六位の蔵人」という場合の蔵人は、天皇のもっとも身近に仕える侍従の役を果たした。時代によってその機能は変化したが、公式文書の保管、詔勅の伝宣、宮中の事務、行事の処理、そして天皇の日常生活の一切に関与するようになる。第一の「入室特権」を許された官職カテゴリーであったといっていいだろう。

天皇の居住空間への入室特権が、このほかにヴェルサイユ宮殿におけるのと同じく、いくつもの段階に分かれていた。その事例を検討するのも興味ある仕事であるが、さしあたりここでは宮廷女官の場合にかぎり、王朝時代における「女房」の役割に触れておくことにしよう。

古来、天皇にもっとも身近に仕え、その日常の生活に奉仕したのは女官《にょう(にょ)かん》である。天皇は女性に取り囲まれ、その注意深い視線に守られて生活していたといってよい。それは天皇の人間形成に少なからざる影響を及ぼしたに違いない。

律令の制度では、宮中に仕える女性の官人を総称して宮人《きゅうじん》といい、内侍司《ないしのつかさ》および蔵司《くらのつかさ》、書司《ふみのつかさ》、薬司《くすりのつかさ》、兵司《つわもののつかさ》、殿司《とのもづかさ》、水司《もいのつかさ》、膳司《かしわでのつかさ》、縫司《ぬいのつかさ》などの一二の司を置いて職務を分掌した。このうち蔵司以下の一一司はしだいに史上から姿を消していったのに対し、明治以後の官制にまでその名をとどめたのが「内侍司」という女官職である。

内侍司は、尚侍《ないしのかみ》二人、典侍《ないしのすけ》四人、掌侍《ないしのじょう》四人、女孺《にょうじゅ》一〇〇人からなっていた。そのうち尚侍は天皇のそばに常時仕え、奏宣をつかさどり、女孺（掃除、点灯などの雑事をつかさどった下級の女官）を監督し、かつ後宮の礼式に目を光らせた。ことに天皇の意思を伝達するときに出される文書を「内侍宣《ないしせん》」といい、平安初期には尚侍は重要な政務にも関与したのである。たとえば平城《へいぜい》天皇の寵を受けて権力をほしいままにした藤原薬子《ふじわらのくすこ》（?〜八一〇）がそうだった。

また、内侍司の女官は温明殿《うんめいでん》につめて神鏡を保護する役目を持っていた。そのため温明殿を内侍所《ないしどころ》といい、さらに神鏡そのものを内侍所と称するようにもなった。これらの上級の女官は、天皇の身辺に随侍するだけでなく、天皇とその祖神との関係を取り持つ媒介者でもあったということになるだろう。

視線にさらされる天皇

　ところで、この第一の入室特権を享受していた尚侍のなかから、天皇の寵を得て寝所に侍する者があらわれるようになった。先に触れた藤原薬子などはその顕著な例である。

　彼女は桓武《かんむ》天皇（第五〇代、七三七～八〇六）の信任が厚かった藤原種継《ふじわらのたねつぐ》の娘だった。薬子の長女が平城天皇（第五一代、七七四～八二四）に嫁したのを機に、抜け目なく自分も東宮宣旨《とうぐうのせんじ》として仕えて寵愛を得た。だが、それがやがてスキャンダルを起こし、桓武天皇によって追放される。

　しかし、大同元年（八〇六）年になって平城天皇が即位すると、再び権勢の座に復帰した。やがて平城天皇は病弱のため退位し、弟の嵯峨《さが》天皇（第五二代、七八六～八四二）が即位した。薬子は兄の仲成《なかなり》らと語らって平城上皇の重祚《ちょうそ》を画策したが、ことやぶれて鎮圧され、自殺して果てた。世に「薬子の変」と称される事件である。

　このように、天皇の寵を得て寝所に侍する上級の女官（内侍）は、やがて女御《にょうご》などと同じものとみなされるようになったが、しかし、このような慣習は鎌倉時代に入って廃れ、尚侍は任命されなくなった。それは、皇后ないし女御の出自が摂関家などの上流貴族に限定されたためである。それ以降、天皇の寝所に仕える女官は尚侍職の不在のまま、内侍や掌侍などに任せられるようになった。

それのみではない。彼女たちは夜のお伽《とぎ》（侍寝）の仕事についてだけでなく、そのなかからは、しだいに内侍所の実務の全般にまでたずさわるものがあらわれるようになった。たとえば、平安時代のなかごろから、単に内侍といえば掌侍を指すようになり、ついでその首席を勾当内侍《こうとうのないし》といい、もっぱら勅旨の伝宣という役目にあたった。そして、その勅旨を報じて出すかな書きの書状が「女房奉書」と呼ばれた。先に触れた平安初期の「内侍宣」が、鎌倉時代に入ってさらに「女房奉書」という形式を生み出したのである。

それのみではない。ここで特に注意しておかなければならないのは、これらの典侍や掌侍が夜の御殿に安置されている剣璽《けんじ》を守護し、天皇がどこかへ渡御《とぎょ》するときは、これを拝持して随従するのを重要な任務としていたということである。

天皇は、かたときも単独者として生活することを許されてはいなかった。昼も夜も、その身辺には剣璽がつき添っていた。天皇からは「私的」な空間と時間が一切奪われていたということでもあるが、それは同時に、天皇の権威が剣璽によって守られていたということを意味するであろう。天皇は常に、王権の公的なシンボルである剣と璽とともにあった。

ここで「剣璽」というのが、神話に出てくる草薙《くさなぎのつるぎ》剣（剣）と八尺瓊曲玉《やさかにのまがたま》（璽《じ》）であることはいうまでもない。これに八咫鏡《やたのかがみ》を加えて三種の神器という。

このうち、特に重んじられるようになった「鏡」は内侍所（温明殿）に奉安されるようになり、「剣」と「璽」が天皇のそばに常時置かれるようになった。清涼殿の裡《うら》の御殿のなかに「剣璽の案」（剣璽を置く棚）がしつらえられ、その上に置かれていたのである。

こうして、「鏡」を奉安する内侍所に仕えるのが内侍司の女官であり、夜の御殿に安置される「剣璽」を守護するのが、またこれらの女官たちであったのだ。

宮廷というものが、そもそも「女房」の入室特権によって二重三重に取り巻かれていたのである。

天皇の肉体から隔てられている距離が慎重に計算され、それにもとづいて入室特権の職掌が細かく配分されていた。その距離と特権を維持するために編み出された作法と儀礼が、女房たちの生活行動を権力の中枢に吸い寄せていた。

彼女たちは政治のパイプに身をすり寄せていき、神聖な神器に目を光らせて静かに呼吸していたといってよい。

そして天皇の肉体との間の距離が一挙に埋められたとき、女房たちの儀礼的な入室特権は無定形なエロスの渦巻きのなかに溶解されることになる。「伝宣」や「奏宣」という名の政治に腐心する文書人間が、愉楽と受胎に身を任せる生理人間へと変貌するのである。こうして運命の赴くまま、たとえば「皇子の出産」という事態がその先に訪れることになるだろう。

このとき彼女たちにひそかに信号を送って受胎を告知していたのが、その頭上まぢかに飾られている神器ではなかっただろうか。胎内にうごめく新生児に幽暗の霊威が宿っているという予感が、そこには漂っていたに違いない。

思えば、わが王朝自体の後宮における女房たちは、いわばその文書と生理の両面にわたり、天皇の生活のすべてに夜となく昼となく介入し続けたのである。

ブルボン王朝のルイ一四世の宮廷から王の私的な領域がまったく失われていたように、天皇の宮廷においてもまたそのような領域は容赦もなく奪われていたといっていいだろう。

天皇の寵という名の私的な感情がもっとも直接的なかたちで発酵するのは、いうまでもなく御《お》伽《とぎ》女房もしくは御《お》側《そば》女官という入室特権者たちをはべらせる寝室であったが、しかしその隔離された密室ですらが、神器に守られた一種の聖空間であったのだ。

こうして「天皇」という孤独な魂のエロスは、一面で神霊の気配の前でマゾヒスティックな色調を帯び、そして、それゆえにかえって、強力な入室特権を行使する女房へのサディスティックな衝動に包まれていたといえないだろうか。

いってみれば、そのような危うい抑圧の均衡の上に、「天皇」における人生サイクルの原形質が形成されていたのである。

象徴天皇制の二重性

権力に疎外される権威

天皇制もしくは象徴天皇制における政治と宗教の関係については、これまでにもいろいろな論者による議論が積み重ねられてきた。それらのなかで、とりわけ天皇の権威が政治の権力からいつも相対的に自立していたという点が重要ではないだろうか。天皇権威と政治権力の二重並立制といってもよい。

その二重構造のバランスが日本の政治を安定させるのに役立ったのではないか、という見方がそこから導き出されることになった。もしそうであるとするならば、いうところの「天皇制」の持続性もまた、そのような観点から説明することも不可能ではないだろう。

まず、平安時代の摂関政治がそうだった。政治の実権を握ったのは藤原氏出身の摂政や関白だったが、権威の中心はしばしば藤原氏の血縁上の孫にあたる天皇にあった。天皇は政治に直接手を出さなかったが、一種の聖なる中心として律令国家の官僚機構の上に超然としていた。

その最盛期をもたらしたのが藤原道長《ふじわらのみちなが》（九六六〜一〇二七）である。このシステムはむろん摂関期を受け継ぐ、次の白河《しらかわ》（第七二代、一〇五三～一一二九）、鳥羽《とば》（第七四代、一一〇三～五六）、後白河《ごしらかわ》（第七七代、一一二七～九二）の三代にわたる院政時代においても変わることがなかった。

摂関期から次の院政期へ乗る推移は、摂関家（藤原氏）から「太政天皇《だいじょう》」へという権力主体の交代を意味するものであった。この場合、「太政天皇」とは譲位した上皇、または法皇のことをいい、その跡を継いだ「天皇」は、多くはその太政天皇の子であり、少数ながら孫、ひ孫もいた。

こうしてこの政権の交代は、「皇子」との距離を操作する主体の交代だったといっていい。「外祖父」としての摂関家の手から、多くは「父」としての上皇への権力の移動をそれは意味した。皇子との間の距離が、さらに濃密な形で短縮されたのである。

しかしながら、このように摂関体制から院政体制へと権力主体がいくら移行しても、その権力構造の頂点に立つ天皇の権威にはなんらの変更も生じなかった。

それどころか、客観的に見て、摂関期から院政期にかけて天皇の地位はますますその安定度を加えていったといっていいだろう。そしてこの天皇の地位の安定度が、じつをいえばこの時代につくり出された「平和」の状態を説明する重要な指標となるものではないだろうか。

思えば「平安時代」は、その名の示すとおり、まれにみる平和な時代であった。その平和の持続性という点でいえば、第一章でも述べたように、それに匹敵する時代は「江戸時代」があるのみである。

次いでいえば、この天皇権威と政治権力の二重並立のシステムは、鎌倉時代の幕府と朝廷の関係において、そのまま持続されることになった。

確かにこの時代、京都に拠点を置く朝廷は政治権力としてはしだいに有名無実化の過程をたどった。鎌倉を中心とする武家の勢力が、源氏から北条氏の手を経てヘゲモニー（支配権）を確立したからである。

しかしそれにもかかわらず、京都は天皇権威を象徴する中心であることをやめなかった。鎌倉の幕府が全国支配の発信基地として浮上してきたにもかかわらず、この権威と権力を両翼とする二重の支配システムは、そのまま江戸時代にまで受け継がれていった。

それだけではない、この権威と権力の使い分けによる支配の二重構造は、維新革命を経たあとの明治国家にも温存され、第二次世界大戦後の「象徴天皇制」においても形を変えて継承されているのである。

平安時代の「平和」

先に「皇子の出産」という話をした。唐突に聞こえるかもしれないけれども、私はこの皇子の出産にまつわる観念と作法のなかに、じつは平安時代における摂関政治の本質が隠されていると思う。それがいいすぎであるというならば、少なくともその本質をなす支柱の一つがそこには横たわっていたと思う。

なぜなら、摂関政治は皇子の出産を唯一の切り札とする、さまざまな装置に取り巻かれた権力奪取の柔構造としてとらえることができるからだ。そしてその柔構造には、儀礼・鎮魂・支配の三要素が、あざなえる縄のように一体となって組み込まれていたとはいえないだろうか。

たとえば、第一に、外部から侵入する異物・外敵を排除するシステムとしての加持祈禱《かじきとう》。この場合、外部から侵入する異物・外敵というのが、ミクロの世界では「物の怪《もののけ》」を意味することはいうまでもないが、しかしそれは、マクロの水準では、内乱や社会変動、そして自然災害などの「天変地妖《てんぺんちよう》」にまで肥大化していく。

物の怪を排除するシステムは、同時に国家を危機に陥れる天変地妖を排除するシステムとしても機能するのだといってもいいだろう。さしあたってのテーマに即していえば、皇子の出産はまさにその「国家の誕生」を象徴する出来事だった。

しかしながら一方で、そのような国家を危機に陥れる異物や外敵は、単に力によって排除され、制圧されるのではない。これらの異物や外敵には、未知の怨念や怨恨感情（ルサンチマン）が封じ込められており、何よりもそれらを慰撫《いぶ》し、鎮魂する方法が第一義的に追求されていたからだ。いわば力による制圧ではなく、技術による制御が目指されていたのである。

その技術にはもちろん仏教や道教、陰陽道《おんみょうどう》や占星術などの知識や情報が動員されていたが、なかでも仏教、とりわけ密教の儀礼体系が圧倒的な威力を誇っていたことを忘れてはならない。

そして最後に、これらの多彩な儀礼を操って外部世界からの異物を慰撫し、鎮魂するという行為そのもののなかに政治の要諦がおさまっていた。

どこから襲いかかってくるかわからないルサンチマンを絶えず監視し、調整する柔軟な制御装置——それをいかに統合的に把握するかに、いわば摂関政治の命運がかかっていたといえるだろう。この場合、「祭りごと」という名の政治は、まさにそれらの得体の知れない外敵や異物を「祀《まつ》り上げる」ことによって、その狡猾《こうかつ》な意志を遂げようとする権力主体を意味したのである。

皇子の出産における物の怪退散の加持祈禱こそは、そのような政治の根元を小規模ながら鮮やかにあぶり出す陰画だったといわなければならない。

いま「摂関政治」が皇子の誕生——したがってその後の皇子の即位——という課題と緊密に結びつく総合装置だったという意味のことを述べたが、いうまでもなくそれは王朝時代の精髄を示す政治体制だった。「摂関」とは摂政・関白のことである。

一般に、摂政は幼帝の代理、関白は成人天皇の補佐を任とするもの、とされたが、実際にはその両者は混用され、同一視されることが多かった。その摂政・関白が国政を主導する実権を握ったシステムを摂関体制というのだが、しかし政治の運営は太政大臣を頂点とする律令制機構に立脚しておこなわれた。

摂関の官職をほぼ独占したのが藤原氏だが、その独自の権限は、律令制の官職機構を超越して機能し、とりわけ天皇との「外戚関係」にもとづく卓絶した勢力を扶植した。藤原氏に属する「女」を天皇の后にあげ、そこに誕生する皇子がやがて即位するに及んで、天皇と外祖父（藤原氏）の間の血縁関係が幼帝と「摂・関」の間の政治関係へと重層化していく。

この母方の血筋をたどる政治パターンが、すなわち外戚（母方の親戚）関係にほかならない。「皇子の誕生」が、同時に「国家の誕生」のアナロジー（類推）で語られるメカニズムがそこに働いているのである。

周知のように、古く推古《すいこ》天皇（第三三代、五五四～六二八）のときに聖徳太子が摂政となり、また斉明《さいめい》天皇（第三七代、五九四～六六一）のとき、中大兄皇子《なかのおおえのおうじ》が摂政となって政治をおこなったという記録がある。

しかし、人臣にして摂政となったのは藤原良房《ふじわらのよしふさ》が最初であり、それに対して、関白は良房の養嗣子となった藤原基経《ふじわらのもとつね》に始まるといわれる。良房は、これも人臣としては最初の太政大臣に任ぜられ、ついで外孫の清和《せいわ》天皇（第五六代、八五〇～八八〇。母は良房の娘・明子《めいし》）が幼少で即位するや、ただちに摂政になった。次いで跡継ぎの基経も養父のコースを歩んで摂政の地位にのぼり、さらにはじめて関白の職を拝命している。

しかしながら、この良房と基経のあとしばらくの間、摂関政治は定着するに至らなかった。その間に醍醐《だいご》天皇（第六〇代、八八五～九三〇）から村上《むらかみ》天皇（第六二代、九二六～九六七）に至る延喜《えんぎ》・天暦《てんりやく》の「聖代」がはさまっている。

だがその時期を経て、やがて摂関の時代が幕を開ける。すなわち康保《こうほう》四年（九六八）、村上天皇が没して病弱の冷泉《れいぜい》天皇（第六三代、九五〇～一〇一一）が即位したとき、藤原実頼《ふじわらのさねより》が関白に任ぜられた。そのときから、天皇が幼少の間は摂政を、そして成人してからは関白を置くのが常態となったのである。

その後、藤原兼家《ふじわらのかねいえ》が一条《いちじよう》天皇（第六六代、九八〇～一〇一一）の外祖父となって朝廷に摂関の独自至上の地位を確立し、次いで道長《みちなが》、頼道《よりみち》の親子が同じ外戚関係を基礎にして摂関の全盛期を築いていく。「栄華」の時代がやってきたのである。

先の実頼による関白就任のときから数えてほぼ一〇〇年の間、この政治体制は続く。すなわち、ようやく治暦《じりやく》四年（一〇六八）になって後三条《ごさんじよう》天皇（一〇三四～七三）が皇位につき、摂関政治は終焉《しゆうえん》を迎えることになった。

摂関政治の帰趨《きすう》を定めたのは、まず第一に摂関家と「皇子」との間の距離である。その距離が最小限に短縮されるときに外戚関係が成立し、それに対し、その距離が弛緩《しかん》するときに外戚関係が崩れ、摂関体制そのものが危殆《きたい》に瀕《ひん》した。そこには常に偶然の要因がはらんでいたが、しかし、摂関政治はむしろこの偶然を操作する緊張感のなかで権謀術数の枠を競ったのだといっていい。

そして、その権謀術数にいわば内部生命を与えたのが、加持祈禱《かじきとう》をはじめとする儀礼の体系だった。それは摂関家の権力にとって、超自然的な権威に満たされる威風のシンボルだった。宮廷における密教儀礼は、摂関家と皇子の間の距離を短縮し、その間に濃密な牽《けん》引《いん》の関係を生み出す麻薬的な酵母の役割を果たしたのである。

このように、摂関政治は「皇子の出産」という契機を操作可能の範囲にとどめているかぎりは安定した軌道を走ることができたが、だがその偶然の幸運に見放されるときは急激に衰運に向かうほかはなかった。

現に、藤原道長の息子の頼道や教通《のりみち》らは、その娘を入内《じゅだい》させてもついに皇男子の出産をみることができなかった。その結果、先に述べたように治暦四年になって、藤原氏とは外戚関係にない後三条天皇が即位した。

以後、摂関の勢威は急速に衰え、次の院政時代へと移っていく。摂関体制がその内部に本質的に抱えていた弱点が露呈したのである。

皇子の出産と王権の誕生

摂関時代から次の院政時代への推移は、もちろん摂関家から太政天皇へという権力主体の交代を意味するものであった。前述のように、「太政天皇」とは譲位した上皇、または法皇のことをいい、そのあとを継いだ天皇は、多くはその太政天皇の子であり、少数ながら孫・ひ孫もいた。

こうして、この政権の交代は「皇子」との距離を操作する主体の交代であったといっていいだろう。「外祖父」としての摂関家の手から、多くは「父」としての上皇への権力の移動をそれは意味した。皇子との間の距離がさらに濃密なかたちで短縮されたのである。

そのかぎりにおいて、上皇の権威には専制君主の影がいっそう強く揺曳《ようえい》するようになる。先ほども触れた白河（第七二代）・鳥羽（第七四代）・後白河（第七七代）の三代にわたる院政時代がそれである。これらの上皇たちは、院庁において国政をおこない、その実権は朝廷と摂関家をしのぐに至った。しかしながら、このように摂関体制から院政体制へと権力主体がいくら移行しても、その権力構造の頂点に立つ天皇の権威にはなんらの変更も生じなかった。

客観的に見ても摂関期から院政期にかけて、天皇の地位はますますその安定度を加えていったことも前に述べた。この天皇の地位の安定度が、じつをいえばこの時代につくり出された「平和」の状態を説明する重要な指標となるものではないかと思う。

そうであるとして、それではその平安時代における「平安」の核心をどこに求めるのかといえば、それが摂関期の一〇〇年の時期にあたるのではないだろうか。その核心の一〇〇年をさらにさかのぼらせて平安遷都（七九四）の時点に至ると、その間がざっと一七〇年、同じその核心の一〇〇年を仮に武家政権成立の契機となった保元《ほうげん》・平治《へいじ》の乱（一一五六、一一五九）まで下らせると、その間が約九〇年。とすればその全部を合してほぼ三五〇年もの間「平安」の時代が続いていたということになるのである。

その三五〇年間は、天皇の権威がしだいに上昇して安定度を増大させていった時代を象徴し、しかもその天皇を頂点とする権力構造もまた、根本的な変革を経験することなく推移している。天皇という至上の天体が光度を異にする衛星を従えて、その不動にも見まがう軌道をゆっくり移動していく姿をそれはあらわしてはいないだろうか。

さて、私は先に「皇子の出産」にまつわる観念と作法のなかに、平安時代における摂関政治の本質が隠されているということをいったが、じつをいえば、その摂関政治の本質が王権の一角を形成する要石《かなめいし》ともなっていた。皇子の出産にまつわる儀礼は、王権の誕生を予兆する魔術的な前戯だったといっていいだろう。

しかしながら、むろんこの前戯が、常に王権の誕生を約束するオールマイティーな戯れではなかったことに、われわれは注目しなければならない。

なぜなら、皇子の出産と王権の誕生を結ぶ動脈は、要するに血縁原理という名のか細い水路でしかつながれてはいなかったからである。そこから儀礼の荘厳をはぎ取れば、そのあとにはただ「血統」という浅薄な生物学的イメージの残骸が取り残されるほかはなかっただろう。この生物学原理としての血統は、ただそれだけでは天皇における王権の、まさに稀有《けう》といってもいいほどの権威と不可侵性を約束するものではなかったのだ。

ところがこれに対して、そのような血統の宿痾《しゅくあ》のごとき弱点を克服する装置として案出されたのが、じつをいえば「大嘗祭《だいじょうさい》」という名の秘境的な儀礼システムであった。それは王朝時代の華麗な画面に映し出されるもう一つの壮大な絵巻物であった。

先の「物の怪」の退散を目的とする加持祈禱が密教マンダラの空間で繰り広げられるテクニカラーの「文明」装置だったとするならば、今述べた「大嘗祭」は、神道パンテオン（神殿）の空間において展開されたモノクロの「文明装置」だったといってもいいかもしれない。それは極東における「周辺文明」としての当時の日本の歴史に、確かに深い陰翳《いんえい》にとんだ彩りを与え、固有の輪郭を刻み出すことに貢献したのである。

和気清麻呂の野望

さて、話題はそれるが、現在、皇室問題として提起されている男性天皇と女性天皇という課題についても、「象徴天皇制」を扱うこの章で触れておくことにしよう。

その場合、私の脳裏に浮かんでくるのが、坂口安吾《さかぐちあんご》の小説『道鏡《どうきょう》』である。この小説における安吾の出色の出来は、まず第一に和気清麻呂《わけのきよまろ》という存在についての鋭い洞察だった。和気清麻呂のいかがわしい役割を剔抉《てっけつ》した、ただならぬ彼の嗅覚だった。その安吾の手さばきをとおして、男性天皇と女性天皇の問題を考える手がかりにしてみようと思う。

要するに和気清麻呂は、藤原百川《ふじわらのももかわ》らの陰謀公家集団が道鏡を追い落とすために仕組んだ芝居の傀儡《かいらい》だった、というのである。この坂口安吾の主張は、官撰《かんせん》正史の常識を覆す仕業であるどころか、ほとんど正史に対する反逆の企てであったといっていいかもしれない。

道鏡を天皇の位をねらう政治的俗物に仕立て上げてその気にさせ、すんでのところで宇《う》佐《さ》八幡《はちまん》の神託を持ち出してひっくり返す。その猿芝居の道化役が、すなわち陰の権力に媚《こび》を売る和気清麻呂の正体だ、と安吾は主張しているように見えるからである。

そもそも道鏡の恋人でありよき妻であったのが称徳《しょうとく》女帝である。この女帝の魂を救済しようというのが、坂口安吾のやむにやまれぬ正義感に由来する発想だった。この小説の根本のテーマがそこにあることを忘れてはなるまいと思う。安吾のこの直感は正しかったのではないかと私も思う。

私はここ十数年、京都と東京の間を新幹線を使って、数え切れないほど往復した。

そんなときよく泊まるのが、皇居前のホテルだった。それでいつごろからか、早朝か夕刻など、眼前に広がる皇居の森を内堀《うちぼり》通りを歩いてひと回りする癖がついた。私の足で小一時間ほどの散歩である。ぶらぶら歩きの散策だ。

その散歩の途中で思いがけなく出会ったのが和気清麻呂像だった。これには予想もしていなかったからびっくりしたが、即座に納得した。それは皇居と天皇家を鎮護するために、そこに据えられている。皇位の簒奪《さんだつ》という道鏡の野望を打ち砕いた中心人物として、そこに祀られている。ＪＲ東京駅からだと、その北口を出て皇居に向かい、お堀端に沿って右に折れたところにその大きな像が建てられている。

平川門を通過して竹橋に回り込むと、その手前の左側に小さな公園が見えてくる。目を上げると、その中央に笏《しゃく》を持った束帯姿の立派な清麻呂さんがすっくと立っておいでになる。

道鏡を天皇にするな――

と、今でも叫んでいるような気配である。

しかしこの清麻呂像は、皇居前とはいっても皇居正面の有名な楠正成《くすのきまさしげ》像と比べると、目立たないところに据えられている。だから私も、はじめは気がつかなかった。シテの楠正成、ワキの和気清麻呂といった風景に見えるところが微笑を誘う。

そこで、再び先の皇居一周の散歩であるが、その小一時間ほどの散策のなかで、それとわかる人物像のごときものは先の清麻呂と正成のほかにはほとんど何もないことに、あるとき突然気がついた。神や仏を祀る社なども、まったく視野に入ってこない。一周のコースは、自然な形でその中心部分を占めるこんもり茂る森の周りをめぐり歩くように整えられているのである。

なんとなく中心がただ一つ屹立《きつりつ》し、それを強く印象づける。いってみれば一神教的雰囲気、一極集中的な風景が、そこに形成されている。なるほど、東京という都市がそういう理念でつくられているということがわかる。

もっとも、私が特にそのようなことを意識するようになったのは、おそらく京都で御所の周辺を散歩する機会があったからだ。京都御所をめぐり、京都御苑《ぎょえん》に足を延ばし、大宮《おおみや》御所や仙洞《せんとう》御所のあたりをぶらぶら歩いていた記憶が、いつのまにかくっきりしたイメージを結んでいたからであるに違いない。

その京都御所や京都御苑の周辺には、いろいろな神や仏が祀られている。立派な社殿を構えているのもあるが、小ぶりの祠《ほこら》も散在しているのが目につく。その景観は、東京の皇居とお堀端周辺のたたずまいとはまるで違っている。あえていえば、多神教的雰囲気がむんむんしている。東京の一極集中的都市形成に対して、京都の多中心的偏在にもとづく都市形成の原理が、そこに顔をのぞかせている。

ところがその京都御所においても、南北に走っている烏丸通《からすまどおり》の、道路を隔てた西側に二つの神社が並ぶように鎮座ましましていることに注意しなければならない。一つが護王《ごおう》神社、もう一つが天満宮である。護王神社の「護王」とは、いうまでもなく王城鎮護ということだろう。その祭神が和気清麻呂と藤原百川、――道鏡追い落としの首謀者たちだ。よく考えてみれば、祭神として祀られるべき清麻呂の本来の本拠地は、奈良の平城宮であったはずだ。おそらくその縁で京都の御所にも祀られることになったのであろう。ところが明治になって都が東京に移るのに伴い、清麻呂像まで東京の皇居へと移動したのである。

この護王神社の北側に建てられているのが、先にも触れた天満宮だ。これは、いうまでもなく菅原道真《すがわらのみちざね》（八四五〜九〇三）の神霊を祀ったところである。これも、藤原一族の陰謀によって大宰府《だざいふ》に流された道真の怨念を鎮めるために建てられた北野天満宮の分社である。

道真よ、怒りを鎮めて王城を鎮護せよ、の意図に発する神社であったといっていい。菅原道真のほうは、このように死んで神として祀られたが、道鏡はそのような幸運を手にすることができず、神として祀られることもなかった。

男性天皇と女性天皇

さて、坂口安吾が提起した女帝「孝謙《こうけん》――称徳」の論題は、今日、足下のこととしていえば、さしずめ「皇室典範」の改正に関わる女性天皇のテーマになるのではないか。そして、この平安時代の「女帝」問題について新鮮な発言をしているのが、法政大学国際文化学部教授のリービ英雄氏である。

そのことを私に教えてくれたのが、中村生雄《なかむらいくお》（元学習院大学教授）氏の論文だった。川村邦光《かわむらくにみつ》編『近代日本における宗教とナショナリズム——国家をめぐる総合的研究』に収載されている「皇室典範改正問題と天皇の性別」というのがそれである（大阪大学大学院文学研究科、日本学研究室、二〇〇六年三月、二三五～二四三ページ）。古代日本における「女性天皇」の性別について論じているところが、意表を突いていてなかなかおもしろい。

まず、リービ英雄氏の発言を紹介するところから始めてみよう。『万葉集』巻一に出てくる長歌に、「吉野の宮に幸《いでま》しし時、柿本朝臣人麻呂《かきのもとのあそみひとまろ》の作る歌」というのがある。次のようなものだ。

やすみしし　わが大君の　聞こし食す　天の下に　国はしも　多《さわ》にあれども　山川の清き河内と　御心《みこころ》を　吉野の国の……

これは、持統天皇という女帝が吉野に行啓《ぎょうけい》したとき、柿本人麻呂が詠んだ歌である。その歌のなかに出てくる「御心」という言葉遣いに注意せよ、とリービ英雄氏はいう。

なぜなら彼は、『万葉集』を英訳する仕事をしていたとき、この「御心」という日本語の前に立ってとまどいの気持ちを抱いたからだった。

この歌の主人公は、いまいったように持統天皇という女帝である。とすれば、これを英語に移すときは「持統天皇の心」であるから her heart となるが、しかしその her もしくは his は『万葉集』の「御心」という表現においては特に意識されてはいない。この古代日本人におけるジェンダー無視の態度にとまどいの感情を持った、といっているのである。『万葉集』の世界においては、天皇の「御心」をめぐって特に性差は問題になっていないし、天皇における性差の意識もまた存在しなかったのではないか。今日におけるさまざまな「女帝論」が、賛成派と反対派の両方を含めて「性差」にこだわり続けているのと比べると、きわめて対照的な光景であるといわなければならない。

そのことを踏まえてリービ英雄氏は、奈良時代の万葉古代人はそうではなかったといい、先の中村氏もまたそれに賛意をあらわしつつ、現代女帝論の論客たちに見られる西欧近代の理念を下敷きにした観念的偏向、すなわち「翻訳」調の論議のにおいをそこにかぎ分けている。

坂口安吾が称徳女帝の「魂」に着目したように、リービ英雄氏もまた持統天皇の「御心」がどのような座標に位置していたのかを単刀直入に問題にしたのであった。

要するに、奈良時代の「女帝」たちは性差から自由だった——それがリービ英雄氏の指摘であり、中村生雄氏の議論の出発点だった。

中村氏はこうした議論の発端を、さらに今日における「皇室典範」改正に関する問題に結びつけ、次のように論じている。それを三点に分けて整理してみよう。

一　今日における天皇の後継について「男系男子」の優先性を主張する論者は、「男系」継承そのものが、そもそも皇統の開始を告げる女神アマテラスという宗教的な始原を前提にしているという矛盾に直面している。そうだからであろう、彼らのほとんどはこの矛盾を意識的・無意識的に隠蔽せざるを得ない状況に立ち至っている。その結果、皇祖としての女神アマテラスに発する天皇の宮中祭祀とか、天皇と伊勢神宮との関係といった、祭司者としての天皇の内実に口をつぐんでいる。祭祀や宗教といった天皇問題の深部に触れることを慎重に避けている。――この中村氏の指摘は重要である。

二　『万葉集』巻一に登場する雄略《ゆうりやく》（第二一代、四一八?～四七九）、欽明《きんめい》（第二九代、五〇九?～五七一）、皇極《こうぎょく》（第三五代、五九四～六六一＝斉明〈第三七代〉）、天智《てんじ》（第三八代、六二六～六七一）、天武《てんむ》（第四〇代、六三一?～六八六）、持統（第四一代、六四五～七〇二）といった天皇の場合、そのいずれにおいても彼らの性別を明示する表現はあらわれない。同様に『日本書紀』や『続日本紀《しょくにほんぎ》』といった正史、すなわち公式の歴史記述においても、そのことに変わりはない。具体的事例については先の中村論文を読んでいただきたいが、これら官撰史書においてもジェンダー不在という事実にぶつかることに注意しなければならない。この時代において、天皇という地位そのものがそもそも性差を超越する何者かだったのではないだろうか。「女帝」や「女性天皇」を単に認めるのか認めないのか、といった単純な議論に還元し得ない問題が、そこにはあったということだ。

三

そこで次に、古代から近世までに実在した一〇代八名の「女帝」の存在をどのように理解したらよいのか、という問題が出てくる。これについて戦後の歴史家が示した定説的理解は、東京大学名誉教授の井上光貞《いのうえみつさだ》氏によって展開された議論だった。

――すなわち、近世はともかくとして古代の女帝というのは、当時の皇位継承のルールによっては解決のつかない状況が生じたとき、それを緊急避難的に回避するために選択された「権宜の処置」、すなわち暫定的な措置だったのだという……。

この井上説が原型となって、周知のとおり、日本の女帝は正統的な男帝と男帝の間を応急措置的に補完する「中継ぎ」の天皇だったとする「定説」ができあがった。

しかし、先に見たように、『万葉集』や『日本書紀』『続日本紀』における「女帝」の扱いを見るかぎり、そこに「応急措置」や「中継ぎ」の機能を認めることはまず不可能である。

そのような半ばこじつけ的な「定説」に比べるとき、明治期の歴史家、喜田貞吉《きださだきち》が唱えた男帝、女帝の「交互即位説」のほうがはるかに理にかなっている、と中村氏はいっている。

それでは、この「交互即位説」とはいかなるものか。ここではさしあたり、中村論文によって喜田の説を紹介しておこう。

推古天皇より、称徳天皇に至るまで、八代六天皇についてこれを考えるに、男帝の次には、ほとんど毎代必ず女帝の立つべき習慣ありて、女帝は普通のこととして、少しもあやしまざりしを見る。「継嗣令」に、皇兄弟皇子を親王となすべきことを定め、特に、「女帝の子もまた同じ」と付記したるがごときは、後世よりこれを見るにすこぶる異様の感あるも、当時にありては普通のことにて、また、女帝に関するこの規定の必要ありしならん。（喜田貞吉『女帝の皇位継承に関する先例を論じて、「大日本史」の「大友天皇本紀」に及ぶ』一九〇四年、「喜田貞吉著作集」第三巻、平凡社、一九八一年、所収）

ここで喜田貞吉が、古代の女帝は「普通のことだった」といい切っているところが重要である。男帝が本来の天皇であるとか、女帝の即位が臨時の応急措置であったとか、そんな説を可能にするような証拠は何一つない、といっているからだ。

まさにこの点において、喜田貞吉の考えは先に紹介したリービ英雄氏の『万葉集』理解とぴったり対応するのである。

井上光貞以来の「女帝＝中継ぎ天皇」論ははたして正しい見方なのか、それとも喜田貞吉の「男帝・女帝の交互即位」説のほうに分があるのか。その是非をめぐる議論は、今日の「象徴天皇制」を考えるうえでも好個の題材であるに違いない。それはまた、場合によっては先に論じた坂口安吾の「道鏡──称徳女帝」論と絡ませて論ずることもできるだろう。

このことについてはあらためて論ずるとして、ここではさしあたり、先の中村発言の核心部分に注目することが重要ではないかと思う。

すなわち、今日いうところの「皇室における男系男子擁護論」は、天皇による宮中祭祀の内容にほとんど触れていない。彼らの議論は常に「祭祀」や「宗教」といった天皇問題の深部に触れることを回避している、という発言がそれである。

なぜならこのことは、「皇室典範改正問題」とも緊密なかかわりがあると考えられるからである。

アジア的専制と天皇制

世界に点在する二種の葬送文化

第一章でわが国の天皇制とチベットのダライ・ラマ王権を比較し、両者のあいだに共通の問題が横たわっていることを指摘した。

けれども、もちろん天皇とダライ・ラマのあいだには、その王権の性格をめぐって見逃しえない相違点も見出すことができる。その象徴的権威の源泉に互いに相容れない対立の関係がひそんでいるからである。ここでは、その問題点にも触れておくことにしよう。

今日、世界の各地で、伝統的な聖地や文化財として知られる地域や建物を「世界遺産」の名で登録しようという運動が起こっていることは周知のことだ。

近年のわが国の話題としていえば、平成二〇年（二〇〇八）から翌年にかけてのことだが、東北の平泉にある「金色堂《こんじきどう》」を中心とする文化遺産を、その世界遺産に登録しようとして失敗したことがある。けれどもその後、平成二三年（二〇一一）になって「平泉―仏国土（浄土）を表す建築・庭園及び考古学的遺跡群」として再評価をうけ、あらためて世界文化遺産に登録された。

なぜそういう経過をたどったのか。そこにはいろいろな原因があったのだろうが、ともかく「金色堂文化」を考えるとき、まず第一に念頭に置いておかなければならないことがあると私は思う。

中尊寺《ちゅうそんじ》の金色堂は、阿弥陀三尊《あみださんぞん》が祀られている地上浄土を象徴する寺である。ところが知られているように、金色堂の建立にやや先だって、京都の宇治《うじ》の地には同じ信仰と世界観にもとづいて平等院《びょうどういん》が建てられていた。ほぼ同じ性格の寺院であったといっていい。その宇治の平等院のほうは、早々と世界遺産の指名をうけていたのである。

平等院は藤原道長の命によって建てられていたのだが、平泉の金色堂のほうは、蝦夷《えぞ》地を支配した藤原三代（清衡《きよひら》・基衡《もとひら》・秀衡《ひでひら》）の手でつくられている。ともに、阿弥陀如来を本尊とし、地上浄土を実現しようとしていた点では共通していた。時代はまさに、人間いかに死ぬべきかの課題が、人びとの心を強くとらえるようになっていたのである。

しかし右の両者をよくよく比較してみると、その東と西の霊場からは看過することのできない相違が浮かび上がってくる。なぜなら、金色堂の須弥壇《しゅみだん》の下には藤原三代のミイラ（遺体）が葬られていたからだ。そこにはさらに、四代・泰衡《やすひら》の首までが添えられていた。しかしながらこのようなことは、宇治の平等院の建立においてはおよそ考えられないことだった。

なぜなら京都の藤原政権では、代々の首長たちの遺体は、今日の平等院の地からは離れた木幡《こはた》の地に運んで、その後は誰もそこには行かない風があったからである。
だがようやく道長の時代になって、この木幡の地に浄妙寺《じょうみょうじ》という菩提寺《ぼだいじ》を建てて、死者を弔うようになった。それとともに遺体の一部を保存し、寺に納めて参詣する慣習が生じた。

それはまず天皇の場合に見られ、ついで貴族のあいだに広がっていった。当時の貴族たちの日記によると、それまでの木幡の地には、風葬のかたちで棄てられた遺体が腐臭を発して積み重ねられ、あたり一面は荒涼たるありさまだったという。

平安時代の貴族たちのあいだでは、死と死者の穢れが極度に忌み嫌われていたのである。寺院の場合はもとより、平安京の内部においても、死に対する穢れの意識は強烈で、人や犬が死ねば政務はただちに中止され、死体は宮城の外に放棄された。そのような平安貴族たちの死穢《しえ》忌避の感覚からすれば、平等院の須弥壇の下にミイラを葬るなど狂気の沙汰だったにちがいない。

このような考え方は、奈良の平城京の場合でも、そして今日の東京の皇居においてもつらぬかれており、国王の遺体はつねに王城外の古墳に葬られ祀られてきたことに注意しなければならない。

そしてはなはだ興味あることに、王の遺体を王宮の外に排除する方式は、中国文明の首都だった長安城や洛陽城《らくようじょう》、そして北京の紫禁城《しきんじょう》でもそうだった。漢・隋・唐のすべての時代を通して、王の遺体は王城の外につくられた陵墓のなかに葬られてきたのであり、平安王朝の葬送文化も、明らかにこのような中国文明の影響下にあったとしなければならないのである。

そんなことを考えていると、チベットの首都であるラサのポタラ宮殿の姿が自然によみがえる。ここはかつて代々のダライ・ラマ法王が居住する宮殿だった。政庁が置かれているのが白宮、宗教施設として使われていたのが紅宮で、その紅宮の中心部分にある宝塔のなかに代々の法王のミイラが祀られていた。それらの遺体が放つ宗教的権威によって、ダライ・ラマ王権の正統性が保証されるという考えに立っているわけだ。

もしもそうだとすると、東北の平泉政権のあり方が、むしろチベット文明圏に展望した遺体信仰と微妙に触れ合っていることがわかるだろう。

ちなみに、同じ東北の霊場として知られる修験道《しゅげんどう》の本拠地の出羽《でわ》三山《さんざん》には、土中入定《どちゅうにゅうじょう》によってホトケ（ミイラ）になった「即身仏《そくしんぶつ》」が崇拝の対象とされてきた。これもまた死者（ミイラ）の世界を現世に包み込もうとする思想をあらわしている点で、平泉文化との共通性を示すものといえるだろう。そこでは死穢を極度に嫌う京都の王朝政権とは性格を異にして、生と死の世界が接近して、いわば共存しているのである。

日本古代の蝦夷地に花開いた文化は、その基層部分で遠くユーラシア大陸のチベット文明と通じ合うものをもっていたといえるかもしれないのだ。その特色は繰り返していえば、死者と生者がミイラ信仰を介して共存する世界、ということになるのではないだろうか。

ついでに、ここで西欧社会にも目を注いでみよう。おもしろいことに、先に述べてきたような事柄と類似の現象に気づかされることがあるからだ。

たとえば、中世ヨーロッパに覇を唱えたハプスブルクの大帝国である。その都はいうまでもなくウィーンだが、そこでは王宮に近接してシュテファン教会とカプチン教会が建てられている。その両教会には地下墓場（カタコンベ）がつくられ、歴代皇帝と一族の遺体が柩《ひつぎ》に納められて安置されている。

なかには、皇帝の内臓のみを摘出して収めた壺《つぼ》までが所狭しと格納され、見るものの目を奪う。こうしてウィーンもまた、王宮と教会を二つの焦点とする王城を形成してきた都市であることがわかるが、そこには明らかに王の遺体を権威の象徴とする思想が植え込まれている。

同様のことは、ロシアのクレムリン城の場合にもいえるだろう。そこも中世以降ロマノフ王朝の城砦《じょうさい》であったが、その一郭に二つの大教会が建てられている。一つが王朝歴代の皇帝の柩を安置するアルハンゲリスキー教会、もう一つが東方教会の大主教たちの柩を安置するウスペンスキー教会である。こうしてクレムリン城もまた王宮と遺体を抱え込む聖所を二つの焦点として自己を形成したということがわかる。

ちなみに、右のウスペンスキー教会には、歴代皇帝が戴冠式のときに用いた玉座が置かれている。かつての王たちは、死者の柩に囲まれて即位の儀式をおこなっていたのである。それらは、帝王の遺体を王宮・教会のなかに囲い込んで、王権の正統性を担保しようとする思想である。それがヨーロッパの伝統にも見られ、ロシアやチベットにおける王権成立の背景からもたちあらわれてくるのであり、その延長線上に極東の平泉文化が位置しているかもしれないと見ることができるだろう。

これに対して平安王朝における王権は、アクロポリス（生の世界）とネフロポリス（死の世界）を明確に区分する中国文明の圧倒的な影響下にあった。中国の始皇帝陵がそうであったように、天皇の遺体は代々王宮や皇居の外の陵墓に隔離され、葬られてきたのである。

チベットの王権継承

チベットのラサといえば、ポタラ宮殿である。紺碧《こんぺき》の天空にそびえる壮大にして華麗な偉容は、一度これを見た者の脳裏から消えうせることはないだろう。ポタラ宮殿はまさに神聖都市ラサの心臓部を扼《やく》する輝くシンボルだったのであり、チベットの歴史と文化をその堅牢な一郭に凝集する超越的な城砦だったといっていい。しかし、これについては、いささか解説が必要であるかもしれない。

インドの仏教が中央アジア（西域）を経て中国に伝えられたのは、紀元前後のころだった。そのころ、チベットはまだ仏教の存在を知らない。やがてインドでは大乗仏教が興隆し、そのあとを受け、六、七世紀になって密教が急速に発展した。密教というのは、大乗仏教が土着のヒンドゥー教、もしくはその一部のタントリズム（秘密性愛道）の流れと結びついて生み出されたものである。

一方、中国では、インドに発祥する仏教諸派の経典が翻訳・研究され、天台大師智顗《ちぎ》（五三八〜五九七）などによる中国独自の仏教が形成されはじめていた。

これに対してチベットでは、ようやく七世紀に入ってから政治的統一への胎動が始まり、吐蕃《とばん》王国が形成された。

この王国は、中国の唐に対抗して領土を侵し、大勢力を伸展させた。王朝の建設は軍事・経済の規模を増大させ、宗教・文化の国際交流を促進したが、ちょうどそのころになって、インドと中国から仏教の諸流派が一挙に国内に流入することになったのである。わが国では、大化改新から奈良時代にかけての時期にあたる。

こうして七世紀以降、チベットは新しい国家の形成期を迎えた。やがて八世紀の末になり、インドのシャーンタラクシタ（七二五〜七八三ごろ）が王室の招きでチベットを訪れて顕教《けんぎょう》（仏教の理論体系）を紹介する一方、彼とともに入蔵したパドマサンバヴァが密教（仏教の密儀体系）を伝えた。

のちに中国からも摩訶衍《まかえん》が招かれ、インド系の学僧（カマラシーラ）とのあいだに討論がおこなわれた。しかし、大勢としては、中国系の頓悟《とんご》仏教（直接の悟入《ごにゅう》を強調する仏教）がインド系の漸悟《ぜんご》仏教（修行階梯《かいてい》を重視する仏教）の前に敗退していった。

以後、国教の地位にのぼった仏教勢力は、先のパドマサンバヴァによってもたらされた密教を主軸にして発展し、ボン教などの民族宗教を吸収しつつ、のちのニンマ派の祖形を形成していく。これは儀礼や呪術を重視する伝統といっていいが、今日、ネパールや北インドなどのヒマラヤ地区で活動を続けているのはこの派である。

九世紀の中ごろ、チベット仏教はランダルマ王による大弾圧を受けるが、その後、一一世紀になって復興運動が起こり、それに伴って新しい宗派が形成された。ときにインドでは、イスラーム勢力の侵略を受けて仏教は退潮の度を強めていたが、中国では宋代に入って禅の新風が興起し、独自の仏教思潮が広まりつつあった。

チベットにおける仏教復興運動に先鞭をつけたのが、一一世紀に入蔵したインド人、アティーシャの活動である。彼は新しくカーダム派を創設したが、その刺激のもとに、チベット人マルパによるカギュー派、同じくチベット人クンチョク・ギェポによるサキャ派などが始められた。これらの新宗派も、先のニンマ派と同様に密教を中心教義に据えたが、やがて、「性」に対する評価をめぐって二つの流れに分かれることになった。

その第一が、顕教にもとづく修行を重視する一方で、タントラ（秘密性愛経典）による性の解放を密教の実践に適用しようとする立場である。そのため、女性のパートナーや妻帯が認められ、性の生殖力が崇拝の対象とされた。先の伝統的なニンマ派やチベット人マルパによって創始されたカギュー派のグループがこの系統に属する。

これに対して、第二は、あくまでも顕教の修学を中心課題とし、タントラの実践を第二義的なものとしてそれを精神的に昇華しようとする立場である。先の、インド人アティーシャによって創始されたカーダム派がこの系統に属する。

前者が「性」を包摂するタントラ第一・顕教第二であるとすれば、後者は「性」を昇華する顕教第一・タントラ第二をとるセクトといっていいだろう。もちろんこの二つの系統の中間に位置するセクトもあり、先のサキャ派などはこれに属する。

一四世紀に入って、チベットに宗教改革の波が押し寄せる。この時期、インドでは大乗仏教がすでに消滅し、中国では明代に入って隋・唐以来の伝統仏教が急速に衰運に向かっていた。その伝統仏教が衰えていく一方で、チベットから伝えられたタントラ系の密教が宮廷に取り入れられ、一般にも浸透していった。それというのも、元・明の二王朝がチベットに対して積極的な懐柔政策をとったため、チベット密教のタントラ思想がしだいに強い関心の的になっていったからである。

ダライ・ラマの誕生

だが、チベット本土ではようやく、このような密教に対する改革の必要が自覚されるようになった。そこに彗星《すいせい》のごとく登場したのが、宗教的な天才、ツォンカパ（一三五七〜一四一九）である。

彼はアムド（現在の青海省）の出身で、戒律を重視する立場から教団改革を進め、厳格な僧院生活を実行に移した。そのため、あからさまなタントラ道の実践を認めず、性の昇華と精神化にもとづく修行過程を強調した。先の例でいえば、顕教第一・タントラ第二をとるカーダム派の立場を継承し、発展させたといっていい。

このツォンカパの系統は、アティーシャの手になるカーダム派を吸収して、ゲルク（徳行）派というセクトを形成したのである。

以後、ゲルク派が勢力を伸ばし、宗教と政治の両界に地歩を固めていく。その間この派は、タントラ道に偏するカギュー派やサキャ派などの諸勢力と抗争を繰り返すが、一七世紀の中ごろになってやっと、ゲルク派の手になるダライ・ラマ「政権」を樹立することに成功した。その指導者がダライ・ラマ五世で、その正式名をンガワン・ロサン・ギャンツォ（一六一七〜八二）という。ときに中国は、明末、清初の転換期にあたっていた。ダライ・ラマ五世は、その間隙をぬうかのようにモンゴル勢力と結び、チベットにおける政教両権を掌握して、首都と定めるラサにポタラ宮殿を造営したのである。

以上の概括からわかるように、聖俗の両界にわたるダライ・ラマの政権は、ツォンカパの宗教改革を機に形成されたゲルク派の打ち立てた政権であり、政治・軍事的には元・明・清時代のモンゴル勢力との密接な関係のなかで生み落とされた政権であるといえよう。なお、宗教的な面からいえば、この時期のチベット仏教は、インドのタントラ系の密教を顕教的な立場から止揚しようとしていた。だが他面で、そのタントラ道を利用して、中国の王宮勢力と提携しようとするところがあった点も否定することはできない。

ともかく、そのような状況のなかで、一七世紀中ごろのダライ・ラマ五世の政権が確立し、その政権の権威を象徴するポタラ宮殿が造営されることになったわけである。

それでは、このダライ・ラマ制を支える宗教・思想上の特質は、いったいどういうものだったのだろうか。ダライ・ラマ制は、周知のようにアジアにおけるきわめて特殊な「神権制」である。この多義的な政治システムは、インド伝来の転生《てんしょう》思想と結びついた活仏《かつぶつ》信仰、および『死者の書』に見られる特異な霊魂観との関連のなかで、しだいに自己形成を遂げていったということに注意しなければならない。そのうえ、そこには、伝統的なニンマ派の儀礼主義と、改革路線を進んだゲルク派の思想とがたくみに結びつけられているという点も見逃すことができない。以下、ダライ・ラマ、転生活仏、霊魂観についての概要を述べ、それら相互の関係を明らかにしてみよう。

まず、ダライ・ラマの問題についてであるが、その第一代は、チベット仏教の改革派（ゲルク派）の開祖ツォンカパの弟子の一人であるゲンドゥン・トゥプパとされている。しかし、実際にその名が用いられたのは、第三代のソナム・ギャンツォがモンゴルに伝道した際、その地の英雄アルタン汗《ハン》によって「ダライ・ラマ」の尊称を奉られたときに始まる。

後世、このソナム・ギャンツォはダライ・ラマ三世と称され、彼に先行する指導者二人が、それぞれさかのぼって一世・二世とされたのである。

この三世から約三〇年後になってダライ・ラマ五世があらわれ、ポタラ宮を造営したことは先に述べた。つまり、ダライ・ラマ政権が制度として確立するのは、ほぼ一六世紀の後半になってからだということになる。

次に転生思想の問題であるが、これがもともとはインドの輪廻転生《りんねてんしょう》の考えに発することはいうまでもない。それは、生まれ変わり死に変わる、迷いの世界をいったものであるが、悟りの立場からいえば、優れた修行者は阿弥陀仏や観音菩薩が仮にこの世に転生した姿である、という考え方にもつながっていく。

このように、インドに由来する輪廻転生説には、悟りと迷いという二つの立場に応じて正負両面の価値観が含まれていた。この転生説がチベットに入り、名僧を菩薩の化身（ラマ）とする「転生ラマ」の思想を生み出した。

彼らは中国人によって「活仏」と呼ばれたが、そこで特に忘れてならないのは、この「転生ラマ」が、同時に特定の世俗的・政治的地位を兼ねることになったという点である。それは聖俗両権に関わる「転生者」であるがゆえに、そこにあらわれている観念は、インド的な転生思想とは質を異にしているといわなければならない。

そして、この特定の世俗的・政治的地位への就任をめぐって、一種の偽装的なしかけが考案されることになった。すなわち、前代のダライ・ラマの死とともに、その生まれ変わりとしての「霊童」を探索し、選抜してこれを新たなダライ・ラマとして認証するという神学装置がそれである。

仏教・チベット学者の山口瑞鳳《やまぐちずいほう》氏によれば、この新型の転生理論を編み出したのが、密教タントラを重視する系統のカギュー派、詳しくいえば、そのうちの支派であるカルマ派だったという。事実、この派では、中心寺院の住持が亡くなると、その年に生まれた幼児が転生者に指定され、特殊な指導を受けて後継者に任じられた。それが慣習化されたのは、ほぼ一四世紀後半のことであった。

僧院におけるこのような後継者選定の方式は、おそらく、その宗派の勢力を安定させるのに貢献したのだろう。霊位の継承を一種の疑似政治装置によって保証する役割を、それは果たしたからだ。その結果、転生ラマを頭にいただくカルマ派は、改革派として誕生したばかりのゲルク派と争うようになった。

その抗争のなかで、ゲルク派は、勢力の安定を得るためには戒律の重視と密教タントラの排除という宗教イデオロギーのほかに、転生ラマの観念にもとづく「王位継承」の装置が必要であることを痛感するようになった。それが、先に述べたダライ・ラマ三世の時代である。

第二代のダライ・ラマとされるゲンドゥン・ギャンツォが死んだあと、その転生者としてはじめて、第三代のソナム・ギャンツォが選出されたのである。

こうして、宗教改革の旗を掲げるゲルク派において、一六世紀後半になってようやく転生ラマにもとづく「王位」の継承が定まり、それを契機にダライ・ラマ制が軌道に乗ることになったわけである。

チベットの『死者の書』

最後の問題が、霊魂観に関するテーマである。今、チベットにおけるダライ・ラマ制と転生思想の結びつきが、一四世紀から一六世紀にかけて生じたということを述べたが、ちょうどその時期と並行するように、霊魂の高い遍歴に関する内省がしだいに深まっていったことに注意したい。なぜなら、転生思想は、生まれ変わりという名の「魂の転生」という課題を本来的に内包しているからである。同じように、ダライ・ラマという地位の継承も、霊魂の継承についての仮説と緊密な関係に置かれていたと考えられるからだ。

チベット人の霊魂観を知るうえで欠かすことのできないものが、『死者の書』である。それは、古代エジプトの『死者の書』と並んで、死と永世の問題に根元的な光をあてた作品だ。

伝承によれば、前記した八世紀のパドマサンバヴァが著したものとされ、その第五の転生者であるリクジン・カルマリンパ（一四世紀？）が霊位体験のなかで発掘したものだという。この書のそのような成立事情のうちに、密教タントラを重視するニンマ派の動きとラマの転生説がそれぞれかかわっていたことがうかがえる。

もしもこの『死者の書』の成立が一四世紀であるとすると、ちょうどカギュー派を中心に「転生ラマ」による系譜継承の慣習が定まりかける時期にあたっていたことになる。そのうえ、一四世紀にこの書を発掘したリクジン・カルマリンパが、パドマサンバヴァの第五の転生者であったという伝承も示唆的である。

『死者の書』はチベット語で、「バルド・トェ・ドル」というが、「バルド」は、死んでから次の生に生まれ変わるまでの中間の時期、すなわち中有《ちゅうう》を意味する。「トェ」は聴聞、「ドル」は解脱《げだつ》を意味するから、全体としては、「死後、神々の言葉にみちびかれて解脱を得るための書」ということになるだろう。

死と再生との中間状態を通り抜けるための手引書といっていいが、その際、亡者の魂が遍歴する期間は七週間にわたる。その旅程において、光明と暗黒のイメージがあらわれ、六道輪廻《ろくどうりんね》の世界が繰り広げられる。生前におこなった「業《ごう》」が秤《はかり》にかけられ、死者の国の法王が登場して死者の過去の行為を審判する。

このように、その内容は、エジプトの『死者の書』と共通する部分を多く持っているが、要は「バルド」の各段階を無事くぐり抜けて、解脱に達することである。そこには、死の超克は意識的に実現されうるものだとする信念が脈打っている。

このチベットの『死者の書』は、わが国でいえばさしずめ僧によって死者の枕辺で読誦《どくじゅ》される「枕経《まくらきょう》」にあたるだろうか。そのテキストは、少しずつ内容を変えてチベット仏教の各派に伝えられていった。そのなかで特にカギュー派に伝えられたものを、仏教学者のエヴァンス・ヴェンツが英訳してから一般に知られるようになった。

この『死者の書』の存在は、「転生ラマ」という観念を生み出すうえでおおいに役立っただろう。なぜならそれは、ラマの権威の継承を霊魂の転生によって説明することを可能にしたはずだからだ。そして、転生ラマの慣習と『死者の書』の発掘・浸透がほぼ同時代に比定されるというのも、単なる偶然の一致ではなかっただろう。ダライ・ラマ制成立の秘密を解く鍵の一つが、そこに見出せるのではないかと思う。

一七世紀におけるポタラ宮殿の造営は、チベットの政治と宗教を統合遷都する壮大な試みだった。それは、チベットにおける神権制の誕生を告げる象徴的な事件であったといっていいだろう。

ここでいう神権制とは、ラマの神聖な霊魂の転生を前提とする王権継受のシステムのことである。その王権継受の神聖劇を演出する舞台が、ポタラ宮殿だった。思想的にはインドから密教と戒律を受け入れ、政治・軍事的には元・明・清との緊張関係を経験するなかで、自己の自立性を内外に誇示するために生み出された結晶――それがポタラ宮殿の建設にほかならなかった。チベット型の「王権神授」の神話がそれとともに成立したといっていいだろう。

ニンマ派の伝統的な儀礼慣習とゲルク派に発する改革思想が融合し、土着信仰としてのボン教の霊魂観がインドの輪廻転生説によって染め上げられたとき、極地における王権神授の特異な観念が生み落とされたのである。

ポタラ宮殿と日本の王城

さて、それではこのポタラ宮殿というのは、いったいどういう性格の建造物なのだろうか。それはラサのほぼ中央を占めるマルポリの丘の上に建てられている。

ポタラ宮殿の「ポタラ」とは、仏教の経典では「補陀落《ふだらく》」といい、観音菩薩の住居、すなわち観音浄土を指す。それが、観音信仰の聖地という伝承を持つラサにも結びつけられた。ラサのマルポリの丘には、観音菩薩が衆生済度《しゅじょうさいど》のために降臨したという話が伝えられていたのである。

このほか、南インドのコモリン岬が古く観音浄土として知られ、わが国紀州の南端に位置する那智山《なちざん》もまた、中世以降、補陀落の霊場とされてきた。このように考えてきたとき、極北の高地ラサは、南海のコモリン岬と極東の那智山とともに、観音霊場のアジアの三角点を形成しているといっていいだろう。

仏教二五〇〇年の歴史は、まさにこの三角点の内部で、その隆替《りゅうたい》を繰り返す有為転変のドラマを演じてきた、といっていいのかもしれない。

その三角点のもっとも完成された一点を形成するポタラ宮殿の内部には、約一〇〇〇室の部屋がうがたれているが、全体として見ると、政治をおこなう区域と宗教儀礼をおこなう区域に分けられている。遠くからこのポタラ宮殿を眺めると、赤色に塗った壁と白色に塗った壁がはっきり見分けられるが、赤の部分が宗教施設（紅宮）、白の部分が政治向きの施設（白宮）となっている。

現在のダライ・ラマ一四世は、一九五九年の「ラサ動乱」を機にインドへ亡命したが、それまでの間、ポタラ宮殿は代々のダライ・ラマが君臨する政庁であった。彼の居室を中心に、政府機関としての事務所や会議室が宮殿内に配置されている。

だが、それと同時に、この宮殿がラマ教にもとづく宗教儀礼のセンターでもあったということを見落としてはならない。そこは最高の聖地として、国内はもとより、近隣諸地域から無数の巡礼を集めてきた東洋のヴァチカンだった。

それのみではない。この建物の中央部には、歴代のダライ・ラマを含む聖者たちのミイラが霊塔（ストゥーパ）のなかに奉安され、礼拝の対象とされてきた。要するに、ポタラ宮殿は政庁であり聖堂であるとともに、葬所でもあったということになる。政治と宗教のセンターであると同時に、遺体の永世を保証する霊廟《れいびょう》でもあったのである。

これを、日本の平城京や平安京の場合と比べてみよう。わが国の王宮（大内裏《だいだいり》）には、天皇の私的な居住空間（内裏）とともに、政治や宗教行事をつかさどる省庁や院が設けられている。宗教的な機関としては、真言院《しんごんいん》・陰陽寮《おんみょうりょう》・神祇官《じんぎかん》などがそれにあたる。

ところがこれに対し、天皇が亡くなった場合、その遺体が王宮内に葬られることはなかった。遺体は王宮の外部にある特別の地域に埋葬された。死の穢《けが》れが、そういうかたちで排除されたのである。このように遺体を王宮の外部に慎重に移動したという点で、チベットのポタラ宮殿とわが国の王城の機能は、基本的に異なっていたということができるだろう。

だが、観点を変えて、ダライ・ラマの遺体をミイラにして霊塔に葬るという点だけを考えてみると、先に指摘したことであるが、それはむしろ東北平泉の中尊寺を思い起こさせないだろうか。というのも、中尊寺の金色堂は、地上世界に極楽を実現しようとしてつくられた霊堂であり、その中央にある須弥壇の下には、清衡・基衡・秀衡という藤原三代のミイラが、棺に入れられて安置されているからである。

そのうえ、金色堂のミイラは、「法華経《ほけきよう》」に説かれる多宝塔信仰がその思想的な下敷きになっているといわれ、永遠の生命がそのようなかたちで実現されてきた。その点でも、ポタラ宮殿のミイラが霊塔信仰にもとづいていることと共通しているのである。

だが、ここで私が特に指摘しておきたいのは、それよりももう少し別の事柄である。すなわち、聖俗両権の最高位にいるダライ・ラマが死ぬと、その魂は転生して、ほかの新たに生まれた子供の肉体に宿るという信仰のことである。全国にそのような「霊童」を探索する使いが派遣され、種々のテストをおこなったあとに、次代のダライ・ラマが選定される。つまり原理的にいって、代々のダライ・ラマの霊魂は一定不変なのであって、その霊魂のカリスマ性が王権の正統性を保証しているのである。

これを天皇制の場合と比べてみよう。天皇制における王権継受の問題については、もちろんいくつかの解釈が可能である。そのなかで私が特に重要だと思うのは折口信夫《おりくちしのぶ》の解釈で、皇位の神聖性は、代々の天皇の肉体を通して受け継がれてきた天皇霊の普遍性に由来するのだという考え方である。

すでに見てきたように、ダライ・ラマ政権の誕生のいきさつにはさまざまな要因が介在しており、それをただちに日本の天皇制と比較することができないのはいうまでもない。

そうするにはそれなりの手続きが必要だろう。そのうえ、ダライ・ラマのポタラ宮殿では、死の穢れ（または死の象徴）を王城の内部に包摂するシステムをとっているのに対して、日本の天皇制では、それを王城の外側の世界に放出する原則を打ち立てたのである。

しかしながら、そういう相互の違いを認めたうえでのことであるが、少なくとも、王権の継受を霊魂の転生もしくは転移によって説明しようとしている点で、日本の天皇制は、チベットにおけるラマ神権制ときわめて類似した性格を持っていたのではないだろうか。その両者の間には、濃厚な同血の観念が流れていたと思わないわけにはいかない。

もしそのように考えてよいとするならば、私の眼前に一つの概念構図のようなものが自然に浮かび上がってくる。

すなわち、インドと中国における政治体制を、仮に「東洋的専制」というように類型化した場合、チベットと日本における霊魂の転生にもとづく政治体制は、「神権制」の枠組みのなかで考察することが可能ではないかというのが、その概念構図である。

そして、この「東洋的専制」と「神権制」との間に見られる対立は、おそらくそれぞれの国家の支配のかたちや社会の構造に固有の意味を与えているのではないかと思うのである。

第三章

日本人の死生観と天皇

霊肉二元論と心身一元論

矛盾する生き方と無私

日本人の人生観や人間観を考える場合の軸には、二つある。

一つは、霊魂と肉体が分離したり結合したりするという考え方である。これを「霊肉二元論」ということができる。例としては、『万葉集』が挙げられる。古代から奈良時代にかけていろいろな階層の人々の歌を集めた『万葉集』には、挽歌《ばんか》が目につく。その挽歌を読んでいくと、ほとんどが死んだ人の霊魂が高いところ、とりわけ山に登っていくという意味の歌なのである。

それに対して、あとに残された遺体に対する関心は、ほとんど見られない。つまりここには、霊魂と肉体というものが、生命の終わった段階で分離するという考え方が、非常に象徴的にあらわされている。

これに対して、もう一つの軸となるのは、心と体は一体のものであるという「心身一元論」の考え方である。この考え方が生まれた背景にはいろいろな原因があるが、そのなかでいちばん重大な影響を与えているのは仏教である。

日本に仏教が伝えられて、坐禅や瞑想が、修行のうえで非常に重要視されるようになる。そうして精神を集中したりするさまざまな体系がつくられていくのだが、その結果、「人間の心というものは、本来、体と一体のものである。心が体と一体化したときに、はじめて安定した精神状態をつくり出すことができる」という思想が生まれた。

「霊肉二元論」と「心身一元論」という一見矛盾する二つの考え方が、日本人のなかには共存している。相反する二つの考え方を、うまくバランスをとりながら調整してきたのである。どちらか一つの考え方を選択して、それを原理原則としていくということは日本人はしてこなかった。

このときに重要なのは、矛盾する生き方のバランスをとるには、自分自身がまず無私の状態になる必要があったということである。中国渡来の思想と日本土着の考え方のバランスをとるとき、一種の精神の安全弁として、そういう無心の状態を追求するようになったのかもしれない。

近代になって、ヨーロッパの思想を受け入れようとした場合にも、そのような平衡感覚的な受信機能が働いたのである。和魂洋才といわれるメカニズムである。

西行に見る心と身体——「霊肉分離」の神道的感覚

日本人の「霊肉二元論」を考察するにあたって、西行《さいぎょう》（一一一八～九〇）の作品のなかから二つだけ私の好きな歌を紹介してみたい。それは、西行の人間としての本質がにじみ出ているような歌である。日本的な風土のなかで生きていた西行の、その日常の姿を映し出すような歌だと私は思っている。

一つは、吉野に行って桜を見て詠んだものである。西行には、吉野の桜を詠んだ歌が実に多い。吉野を心底から愛してやまなかった歌人なのだ。吉野に行くと、数え切れない桜の木に包まれた谷間に、西行庵が残されている。

吉野山　梢《こずえ》の花を見し日より　心は身にも　添《そ》はずなりにき

一首めはこんな歌だ。吉野に行って桜の花を見た。山桜である。それを見ると、自分の魂がいつの間にかこずえのほうに抜け出ていってしまう。花のほうに浮動する心といってもいい。そしてそのまま、それが再び自分の体に戻ってはこないような気がする——そのような気持ちを詠んだ歌である。

体と魂が分離する感覚、といっていいかもしれない。この分離感覚は、一種の陶酔感でもある。しかし、それが再び帰ってこないかもしれないという不安感もそこに重なっている。

この歌には、不安と恍惚《こうこつ》の入り混じった感覚が実にうまく表現されていると思う。われわれが花見の酒宴などで浮き立つような気持ちになるのは、その陶酔感とつながっているのかもしれない。

また、岩手県出身の石川啄木《いしかわたくぼく》（一八八六〜一九一二）が、中学生のころ学校をサボって盛岡にある不来方城《こずかたじょう》に行き、草の上に寝転がってつくったという有名な歌がある。

不来方の　お城の草に　寝ころびて　空に吸はれし　十五の心

啄木がここでいう「空に吸はれし十五の心」という心情が、前述の西行の感覚に通じているのではないかと私は思う。ある自然の光景、あるいはある事柄に触れて、感動のあまりに心が体から離れていくという感覚である。これを「遊離魂感覚」といってもいいし、「霊肉分離の感覚」といってもいい。私は「神道感覚《しんとうかんかく》」と呼ぶことにしたい。

というのも、神道では縄文の昔から人間の魂の行方《ゆくえ》に強い関心を示してきたからである。日本人は、人は死ねばその魂が体から分離して自然のそばに浮遊していくと考えてきた。たとえば『万葉集』の挽歌には、そのことが繰り返し歌われているのである。古代万葉人も、そういう感覚のなかで生きていたのだろう。

「心身一体」の仏教的感覚

西行のもう一つの歌は、月をめぐるものだ。西行にとって、歌の題材はつまるところ桜と月ということになるのだろう。

ねがはくは　花の下にて　春死なん　そのきさらぎの　望月《もちづき》の頃

この有名な歌には、桜と月が登場する。それに見守られ、またそれを見ながら死につきたいという願望が詠まれている。

西行には、月に関する和歌も非常に多い。そのなかで代表的なものを一つだけ挙げるとすれば、やはりこれになるだろう。

山の端《は》に　かくるる月を　眺むれば　われも心の　西に入るかな

西行は、比叡山《ひえいざん》、あるいは高野山のような霊山で、徹夜をして念仏を称《とな》えている。夜になって太陽が西に沈むと、今度は東の空から月が昇ってくる。それが一晩中天空を移動し、明け方になるとこの月もまた西の空の山の端に沈んでいく。したがって、「山の端にかくるる月を眺むれば」というのは明け方の情景を詠んでいることになる。

徹夜で念仏を称えていた西行は、その西の空を移動していく月を見ているうちに、自分も心も一緒になって西方浄土《さいほうじょうど》に赴いていくような気分になっている。心と身が一体になった状態で、西方浄土への再生を望んでいる。

そのような感覚を歌っているのだと思うが、だとすれば、これはむしろ「仏教感覚」というものではないだろうか。つまり、前述の「心身一体」の感覚である。先ほどの桜の歌で見たときの、神道的な「心身分離感覚」とは明らかに違う。この神道感覚と仏教感覚、心身分離感覚と心身一体感覚というものが重層化しているところに、もう一つの日本人の精神的母体のようなものを見ることができるのではないか。

ついでながらいってみると、今日、日本人が臓器移植に対して非常に腰の据わらない態度をとっている原因は、実はここにあるかもしれない。神道感覚だけ引き出して考えれば、大事なのは魂だけである。魂が抜け出たあとの肉体は抜け殻なのだから、臓器などはいくらでも提供してもいいはずである。

ところが、それがなかなかそうはいかないのは、そのあと日本に仏教が入ってきて、「心身は一体のものだ」というイデオロギーがそこに重なったからだと私は解釈している。

やや理屈に偏した解釈ではあるが、日本人の心身感覚を考えるうえで、この点はどうしても無視できない。このような感覚の原点が、西行の和歌の世界にあると思っている。

そのような西行の生き方の底に流れているのは、深い悲しみの感情である。その深い悲しみの感情を過去にさかのぼって手探りしていくと、彼の二三歳のときの出家体験に行き着く。彼は出家する自分を慕ってすがりつく娘を蹴り離すのだが、彼の悲しみは、そのときのわが娘の嘆き悲しむ姿に帰着するであろう。

話は飛ぶが、現代はそのような悲しみの感情が次第に稀薄になっている時代なのだと思う。そして、悲しみのわからない子供たちが増えている。悲しみがわからないということは、人の心の痛みがわからないということである。

今日の少年犯罪の凶悪化も、彼らがこうした悲哀の感情を忘れ、悲しみの旋律を忘れた教育を受けてきていることと深い関連があるのではないであろうか。そんな気がしてならない。

乃木将軍の死と霊肉二元論が生む殯の観念

「霊肉二元論」の考え方は、西行の生きた平安・鎌倉時代のみならず、明治天皇が亡くなられたときにも生きていたことがわかる。それは、陸軍大将乃木《のぎ》希典《まれすけ》（一八四九〜一九一二）の殉死の過程に見ることができる。

明治天皇は明治四五年（一九一二）七月三〇日に息を引き取るが、その直後、天皇の遺体は殯宮《もがりのみや》に安置される。七月三〇日から九月一三日までの四五日間、そのまま地上の殯宮に安置されていたのである。

この四五日間、乃木希典は毎日のように殯宮に参拝している。そして四五日が過ぎ、遺体が霊柩車に移し替えられ、二重橋を渡って青山斎場に向かった。霊柩車が二重橋を渡るときに号砲が鳴らされたが、乃木希典はその号砲を聞きながら腹を切っている。

すなわち、彼は殯宮に祀《まつ》られている四五日間は、明治天皇が本当に死んでいるとは考えていなかった。それまでは、天皇の霊魂がまだ遺体に付着していると考えていたのである。そして殯《もがり》の期間が過ぎ、いよいよ葬儀がおこなわれるというときになってはじめて、天皇の霊魂が肉体を離れて空高く駆けていくと、乃木はそう考えて次のような辞世の歌をつくっている。

うつし世を　神さりまし し　大君の　みあとしたひて　われはゆくなり

天皇の霊魂が肉体を離れて天駆けていく。そのあとに従って、自分の魂も天駆けていく。そういう気持ちを歌にして腹を切っているのだ。

ここには霊肉分離の観念が見られる。もちろん、当時乃木希典が霊肉二元論をそのまま信じていたと私が考えているわけではない。彼の表現は一種のフィクションだったとは思うが、その古代的なフィクションが儀礼のかたちで生きていたのである。乃木の行動がそのことをよく示していると思う。

殯については第一章でも触れたが、古代の天皇の場合には一か月や一年、最大では五年間も地上に安置したままということがあった。庶民の場合は、三日間とか七日間ぐらい地上に安置している。その後焼いたり埋めたりするのだが、このぐらい短い期間ならば、再び死者の魂が戻ってきて生き返るかもしれない。蘇生の可能性があるわけだ。殯とは、そのためにとっておかれた猶予の期間でもあった。

ところが、遺体というのは、二週間も三週間もそのままにしておくと腐敗が始まり、死臭を発する。もう再び生き返らないことがわかるのだが、それにもかかわらず一か月も一年もそのまま放置するという事例がいくらでも見出される。

とりわけ天皇の場合、そういう事例が多い。そうなると、これはもう魂を呼び返すための猶予期間などではあり得ない。そうではなく、たとえば王位の継承者が見つからないような場合にそういうことが起こるわけである。

つまり、人間の死には、生理的な死と社会的な死の二種類があると考えられていた。呼吸をしなくなって腐敗が始まると、すでにそれは生理的な死に移行しているのだが、しかし、それがまだ社会的な死と認知されているわけではない。そして、後継者がはっきり決まった段階ではじめて、天皇は死んだということを社会的に公表する。それが新しい王の継承を内外に告知する儀礼だった。

明治天皇が亡くなったときにも、乃木希典の脳裏にはそういう古代的な殯の観念がよみがえった。そのことを信じていたかいなかったかにかかわらず、彼はそういう古代的な作法にのっとって天皇に殉じた。そこが大切だ。「霊肉二元論」は、そのようなかたちで明治になお受け継がれていたのだろう。

明治天皇の「殯」と乃木殉死

日本人の死生観を知るために、もう少し詳しく乃木将軍の殉死の過程を追っていきたい。もう一度、明治天皇の崩御のときに場面を戻そう。

明治四五年七月三〇日、午前零時四三分、明治天皇はほとんど昏睡《こんすい》状態のなかで息を引き取った。直接の死因は心臓麻痺《まひ》であったという。

このとき、乃木希典はただ一人退出せずに控え室に残っていた。彼はわずかの側近を除けば、帝《みかど》の死の知らせをいちばん早く受ける立場にある人間だった。

明治天皇の臨終ののち、わずか十数分後、午前一時には新帝が宮中の賢所《かしこどころ》、皇霊殿《こうれいでん》の神殿においていて践祚《せんそ》式をおこなった。そしてこの同じ日の午前五時、元号が大正に改まる。

夜が明け染めるころから、帝の遺体を奉安するための殯宮が設営されていた。帝の遺体はこの日から九月一三日までの四五日間、この殯宮に安置されることになる。

わずか一日の間に、事は迅速に運ばれていた。そして、この重要な告示に関するすべての急展開に、乃木は終始、至近距離から立ち会っていたのである。

翌七月三一日、午後三時になって新しくつくられた棺が宮内省に運ばれてきた。これをそのまま宮中衛生試験所に差し回して、綿密な消毒がおこなわれた。四時になって、皇太后をはじめ典侍《ないしのすけ》と女官、侍従が殯殿に伺候《しこう》して帝の遺骸を棺に納めた。二重がさねの褥《しとね》を敷きつめた上に白羽二重の衣と枕を置き、香を添えた。

寝棺は三重になっており、内棺は厚さ七分、中棺は二寸、外棺は三寸の厚さにつくられており、長さ一丈、高さ三尺四寸、幅四尺であった。外棺、中棺、内棺の間にはセメントがつめられ、顔の部分に開閉のできる蓋が取りつけられた。

午後五時から、天皇、皇后、皇太后をはじめ皇族、各元老、諸大臣による永訣《えいけつ》の式が続く。遺体は臨終時の横臥《おうが》の状態のまま、南枕で東向きに安置されていたが、顔の表情は医師による薬品注射が効いて生気を帯びていた。

八月一八日、午前八時から宮中正殿にしつらえられた殯宮で二十日祭りがおこなわれ、同二八日には三十日祭、そして九月七日には四十日祭がとりおこなわれた。

この期間、乃木希典は毎日のように参内《さんだい》して殯宮に参拝した。それも朝と夕の二度、あたかも判で押したように殯宮と自宅の間を往復した。

すでに、御陵地は京都伏見の桃山と決まっていた。そして九月一三日、青山斎場で帝の葬儀がおこなわれることになっていた。葬儀のあと、深夜になってから帝の遺体は桃山に向けて列車で運ばれるであろう。詳密な日程が正確に消化されていく。

九月一三日――、この日は帝の崩御の日から数えて四七日目である。諒闇《りょうあん》の静けさが急激に深まり、日が滑るように落ちていった。午後八時、遺体を納めた霊柩車が殯宮を離れた。やがて号砲が轟《とどろ》き、葬列に松明《たいまつ》が点じられた。

乃木希典と妻の静子は、その号砲の音を自宅二階の一室で聞いていた。宮城《きゅうじょう》に面して机が置かれ、その上に先帝の御真影が飾られ、榊《さかき》がそなえられていた。そして、そこには辞世の和歌と数通の遺書が置かれている。

はじめに、和服で正装をした乃木が端座したまま軍刀で腹を割き、その後頸部《けいぶ》を右から左に貫いて前方に伏した。静子は夫の最後を見届けてから、短刀を逆手にとって心臓を突き刺した。

「御跡ヲ追フ」とは

乃木希典は、なぜ九月一三日のこの日この時刻を選び、自刃して果てたのだろうか。帝の遺骸が、この日をもって永久に宮廷と東京を離れてしまうと感じ取ったからだろうか。あるいは、桃山陵の奥津城《おくつき》深く永遠の闇に埋められてしまう象徴的な区切り目と、その日が感じられたためだろうか。

その真意は、乃木将軍その人に聞いてみなければわかりようのない謎であるが、しかし、彼はその死に際して、ともかくも遺詠と遺言を残した。さしあたっては、それを手がかりにして先に進んでみることにしたい。

遺詠は乃木希典が二首、妻静子のが一首である。乃木の二首をあげてみよう。

臣希典上

神あがり　あがりましぬる　大君の　みあとはるかに　をろがみまつる

うつし世を　神さりましし　大君の　みあとしたひて　我はゆくなり

前の一首は、おかくれになった帝の「みあと」をはるかに拝み奉る、という趣旨であり、あとの一首は、前述したように帝を慕い、どこまでもそのみあとにつき従っていこう、という気持ちを歌ったものだ。

ところで、遺詠とともに書き記された「遺言条々」は全部で一〇か条からなっているが、その冒頭の第一条には次のような趣旨のことが書いてある。

明治一〇年の西南戦争の折、二九歳の乃木中佐は軍隊を率いて西郷軍と戦ったが、旗手の河原林少尉の戦死によって軍旗を奪われた。そのとき以降、自分は死に場所を求めていたのだと乃木はいっている。

自刃についての根源的な動機が、遺言条々の冒頭第一条に語られているのは当然である。乃木はそれまでの生涯において、遺言第一条に記されたこの文章をほとんどそらんじるまでに口の端《は》にのぼらせ、繰り返し反芻《はんすう》していただろう。それは彼にとって、生きていることのまごうことなき証しですらあった。ある意味で彼の人生は、死への覚悟なしには一寸たりとも先へ進むことのできないていのものであったといえる。

遺言の第一条は、そのような乃木の心情を過不足なく伝えていたのである。そこでは自殺の動機を簡潔に叙していて、曖昧なところが少しもない。ただその文章にあえてこだわっていえば、わかりにくい部分がまったくないというわけでもない。特に気にとめる必要もないかもしれないが、しかし、そこに一度立ちどまるとわからなくなる、といった趣の個所が一つだけある。それはこの第一条の冒頭の文句である。

「自分此度御跡《みあと》ヲ追ヒ奉リ自殺候段恐入候……」と続く部分である。取り立てて人の注意をひくような文章ではもちろんない。だからこれまでも、人々の関心はいつもそこを素通りしてきたのである。

しかし、「自分此度御跡ヲ追ヒ奉リ自殺候段恐入候」というときの、「御跡ヲ追フ」とはいったいどういうことであろうか。それは文字どおりにいえば明治天皇の「御跡」を追うということであるが、とすれば、敬愛する人物に対する追慕、愛惜の情をそういう表現でいいあらわしたものなのであろうか。

殯儀礼の伝承

遺言第一条の冒頭に出てくる「御跡」が、先に記した遺詠二首に歌われている「みあとはるかにをろがみまつる」と「みあとしたひて我はゆくなり」の「御跡」をそのまま受けていることは一目瞭然である。乃木は九月一三日の自刃の日まで、朝に夕に、明治天皇の御跡に従い、ついていくという切迫した想念のなかで生きていたに違いない。自己の死後の運命が御跡を慕うことをおいてほかに見出しがたいことを、彼はしだいに確信していったはずだ。

それならば、「御跡を追う」とはいったいどういうことであったのか。もっとも、それを普通に理解しようとするかぎりでは、かならずしも難しい問題が生じてくるわけではない。もう一度、遺詠の第一首目を見てみよう。

神あがり　あがりましぬる　大君の　みあとはるかに　をろがみまつる

「神あがり」というのは、「神が天におのぼりになること」であり、「貴人がおかくれになること」を意味する。第二首目の、「うつし世を神さりましし大君の」の「神去り」も要するに同じことをいっている。「神あがり」という言葉の手触りは、そのときの乃木希典の心情にとってはほとんど体温にも比すべき親密な感覚をあらわしていたのだろう。

だが、もちろん、そのような感覚は乃木個人にのみ属していたのではない。「神あがり」という言葉は、古き世のかなたから民族の伝統をつらぬいて、明治の世のそのときまで絶たれることなくその命脈を保ってきた言葉であるといわなければならない。それはいわば、民族心意の地下水として歴史の基礎部分を流れ続けてきた観念であったといってもいい。

その遠い源流に、たとえば『万葉集』に載せられている柿本人麻呂《かきのもとのひとまろ》の挽歌がある。「日並皇子尊《ひなみしのみこのみこと》」が死に、その殯宮のときに人麻呂がつくった歌だ。

……高照らす　日の皇子は　飛鳥の　浄の宮に　神ながら　太しきまして　天皇の

敷きます国と　天の原　岩戸を開き　神上り　上りいましぬ……（巻二、一六七）

日並皇子とは、天武と持統の両帝の間に生まれた草壁皇子《くさかべのみこ》（六六二～六八九）のことだ。壬申《じんしん》の乱に従軍し、天武一〇年に皇太子となった。しかし、幸せ薄いこの皇子は、持統三年に即位を待たずに世を去った。すなわち、天皇と並んで天の下をしろしめすべき皇子は、天の原の岩戸を開いておかくれになってしまった。「天の原　岩戸を開き　神上り　上りいましぬ」は、そのことを歌ったものだ。

それならば、「神上り」したのは草壁皇子の何だったのか。皇子の「魂」をおいてほかにはないだろう。なぜなら、皇子の遺骸は、そのとき殯宮に安置されていたからである。先にも記したが、この長歌の詞書《ことばがき》は、「日並皇子尊の殯宮の時……」というものだった。

そもそも殯宮というのは、飛び去った魂を呼び戻すため、遺体を一時的にそのまま放置しておく儀礼の場所のことだった。招魂儀礼のための祭場であるといってもいい。この「殯」のために一定の期間が過ぎると、招魂の不可能が意識されて、遺体の完全な死が宣告される。このときを期して遺体は陵墓に葬られ、遺体から飛び去った魂は天上指して「神上り」する。

人麻呂の歌はそういう殯儀礼の観念を背景にしてつくられたものだ。彼の目の奥底には、草壁皇子の魂が天の原に向かって飛翔していく跡が鮮やかに映じていただろう。

霊的な出会い

明治天皇が息を引き取ったとき、宮中では直ちに殯宮が設けられ、遺骸が奉安されたことについては先に述べた。天皇の死は医学的に確定したことであって、むろん招魂の儀が信じられていたわけではない。

しかし、四十日祭の終了するまで遺骸が宮廷にとどめ置かれたのは、古い伝承を持つ殯儀礼を慣例として模倣したためである。

明治天皇の逝去は七月三〇日で、御大葬《おんたいそう》が九月一三日であるから、その殯の期間は四五日にわたったことになる。だから、青山斎場での御大葬とそれに続く桃山御陵への遺骸の埋葬は、殯儀礼の終了を告げる合図だったのであり、帝の魂と肉体とは別々のものとして永遠に袂《たもと》を分かつ重要な時点を意味したのだろう。

乃木希典がそのような民族の伝承を知らなかったはずはない、と私は思う。だが、もしもそのように決めてかかるのがいけないというのなら、次のようにいい換えてもいい。乃木は明治天皇の死を目前にして、死に向かうときの万葉人の心をそのまま素朴に信ずることができる人間だった、と。

殯期間の終了のあと、帝の魂は一直線に天の原に向かって飛翔していくだろう。神上り上りましふる大君の「御跡」は、地上から天の原へと向かうそのような飛翔の「御跡」でなければならぬ。その「御跡」を慕って「我はゆくなり」と乃木は歌った。

とするならば、乃木の殉死は、九月一三日の御大葬の日をもって決行されるのがもっともふさわしいといわなければならない。現実の世界における帝との出会いがもはや不可能であるとするなら、残された道は死後の世界における霊的な出会いをおいてほかには見出しがたいだろう。

乃木は明治天皇を突然襲った生理的な死を、今度は自分の手もとに強制的に引き寄せなければならない。彼は自らの肉体を屠《ほふ》ることによって、魂と肉との分離を実現しようと決意する。こうして、天皇の「御跡」を慕って「我はゆくなり」の我は、わが魂のことであると彼は感じていたのである。

乃木の遺言条々については先にその第一条を掲げたが、この遺言の最後尾をなす第一〇条には、次のようなことが記してある。

自分の死体は石黒男爵の手を通じて医学校に寄付する。解剖実験に供するというのだろう。そして、墓のなかに埋めるものは「毛髪爪歯《もうはつそうし》」だけで十分だといっている。「毛髪爪歯」だけを指示して、「遺骨」に及んでいないのはなぜか。そこの消息を推定することはできないが、この遺言第一〇条の言明が、少なくとも乃木による肉体の軽視という問題をはらんでいたことだけは確かではないかと私は思う。

「毛髪爪歯」は、いわば乃木の肉体を記念する断片であって、乃木自身の本質を象徴する聖なる遺物であるのではない。彼はそのように信じていたのではないだろうか。

自分の「死体」の事後処置に関するこのような指示の仕方は、まことにそっけなく他人事めいている。遺品や財産処分を指示するときのような事務的な口吻《こうふん》を、そのまま再現しているような気配が見える。

乃木自身がそれをどの程度意識していたかどうかはわからないが、死の直前に書かれた遺言条々が、冒頭の第一条と最後尾の第一〇条においてあまりにも対照的な世界を映し出していることを、私はおもしろいと思う。

第一条において天皇の「御跡」を慕う乃木は、先に述べた理由によって明らかに魂の世界のことをいっている。これに対して、第一〇条において「毛髪爪歯」のことを指示する乃木が、肉の世界のことに触れていることはいうまでもないだろう。

そしてこの「肉」の世界は、遺言の第二条以降の、財産や遺物、遺品、さらに住居の事後処置についていい残していることの、いわばしめくくりのような形で記されているのである。乃木にとってそのような事柄は、第一条の言明に比べるとき、単なる瑣事《さじ》であるにすぎない。第一条は彼の心情を公的に述べたものであるのに対して、第二条以下第一〇条までの項目は、乃木家および乃木自身の世俗的な財産処理をして私的にいい置いた条々である。

九月一三日の御大葬の日に明治天皇の魂は天の原高く飛びゆくと、乃木は信じて疑わなかった。その魂の御跡を慕って同じように飛びゆくためには、乃木もまた自己の肉体を脱ぎ捨てなければならない。魂の透明な飛翔感に託して天皇との一体化を実現しようと願ったのである。

乃木の殉死が九月一三日という日付を選んで決行されたということには、動かしようのない理由があったというべきだろう。

民族の心情

乃木希典の殉死の報が伝わると、世間や言論界の意見が大きく二つに割れた。今その詳細に触れている余裕はないが、白樺派の作家たちは、一様に乃木の自殺を愚行であるとしてこれに冷笑を浴びせた。

そのときの雰囲気は、たとえば志賀《しが》直哉《なおや》が『日記』に次のように書き記したことによくあらわれている。

乃木さんが自殺したといふのを英子から聞いたとき、「馬鹿な奴だ」といふ気が、丁度下女かなにかが無考へに何かしたとき感ずる心持と同じやうな感じ方で感じられた。

だがしかし、同じこの乃木希典の自刃を明治の精神に殉ずる行為と直感し、深い感動にとらえられた知識人もいた。たとえば森鷗外《もりおうがい》や夏目漱石《なつめそうせき》がそうである。

鷗外は、乃木の死後五日目の一八日になって、小説『興津弥五右衛門《おきつやごえもん》の遺書』を書いて「中央公論」に寄せた。その日はちょうど乃木希典の葬儀がおこなわれた日である。鷗外の気持ちの異常な昂揚《こうよう》をそこに見て取ることができるが、九州小倉の細川藩の老臣興津弥五右衛門の殉死に乃木のそれを重ね合わせて、その行為を肯定的に描いてみせたのがこの速いピッチで書き上げられた小説であった。

一方、夏目漱石は、大正三年（一九一四）になって朝日新聞に連載小説『こころ』を書き、自殺者として登場する「先生」の心情に託して乃木殉死の意味を見きわめようとした。知られているように、漱石は『こころ』を書くことで明治という日本の「近代」の息苦しさと危うさを語ろうとした。

乃木の殉死は浅薄な自我肯定へのアンチ・テーゼとしてとらえられているが、しかし、明治の近代はともかくもその浅薄さと危うさをくぐり抜けることなしには自立し得ないだろうと、漱石は考えていたのだ。

乃木殉死が巻き起こした波紋の大きさは、まさに時代の転換期における価値観の亀裂の深さにそのまま比例していたということができる。乃木希典の殉死に対する冷笑や批判や賛美の声は、こうして時代精神の動揺を忠実に映し出す鏡であったのだ。

しかしながら、乃木の殉死を乃木希典自身の気持ちの動きに即して彼の心情に寄り添いながら理解しようとするとき、単に「明治の精神」といった観念的な枠組みによってだけ考えようとするのは、かならずしも十分ではないだろう。なぜなら、乃木希典の遺詠と遺言第一条のなかに、いわば明治の精神を大きく踏み外すところの民族の心情とでもいうべきものが隠されていたことを、さまざまの「明治の精神」論は見落としてきたと考えられるからだ。

これまでの乃木評価の多くがこのことにあまり注意を払わないできたことを、私はむしろ奇妙なことに思う。

乃木希典の「忠義」は、紛れもなく明治近代の帝国陸軍によって生み出された観念であった。そしてその観念には、多くの実像と虚像が混入していただろう。

しかし、それにもかかわらず彼を殉死にまで駆り立てた激しい衝動の底には、民族の伝承という途方もなく巨大な集合意識が流れていたのだ。

怨霊と祟り

「人すなわち神」という日本型人神思想

日本人の信仰心を考えるに、基本的に「神信仰」ではなく、「人信仰」だという仮説が成り立つのではないだろうか。

キリスト教やイスラム教のような超越的な神に対する信仰は、わが国にはなかったものである。このような一神教的な世界における神信仰に対して、わが国の信仰の特質をどこに求めることができるのかを探っていきたい。

一般常識的には、神仏信仰というものがある。八百万《やおよろず》の神々に対する神信仰と、仏、菩《ぼ》薩《さつ》に対する仏信仰が重層化しているものだ。そういう点では、もちろん日本人にも神信仰がないわけではない。

しかし、一神教の世界と比較してその特徴を浮き上がらせようとすると、「神信仰」というより「人信仰」といったほうがいいのではないかと思われる。

天皇の存在は、本質的に「人」であるが、同時にこの天皇を、「生き神」あるいは「現《あら》人神《ひとがみ》」としてきた歴史が日本にはある。これは、国家が成立した七世紀からすでに生まれていた観念である。この生き神信仰は、キリスト教のなかに見出そうとしても見出すことはできない。

人を神に祀《まつ》り上げる例として、応神《おうじん》天皇の場合が挙げられる。応神天皇は、八幡神《はちまんしん》（やはたのかみ）として祀られた。菅原道真を北野天神に祀り上げたのも、生き神信仰のケースである。もっとも、応神天皇も菅原道真も死んだあとに祀り上げられているから、ほんとうの意味での生き神ではなかった。それでも「人」を神として祀り上げたということでは、「人信仰」の一例であったことは確かである。

これに対して、やがて「生きているうちに自分を神にしよう」という思想が出てくる。それが始まったのは、一六世紀ごろではないかと私は思っている。その最初の事例が、織《お》田《だ》信長《のぶなが》ではないか。死んだ人を神に祀ったり仏として崇拝するのではなく、自分自身を神にしようとした例である。

そういう考え方が出てきたのは、もしかするとキリスト教の影響かもしれない。一六世紀はキリシタンの時代である。ただし、織田信長が自分自身を「神である」といっていたという記録は、日本側の資料からはあまり出てこない。

そのことを記しているのは、宣教師ルイス・フロイスである。彼の『日本史』のなかに、信長が自分自身を神にしようとしていたという記述が出てくる。安土城《あづちじょう》をつくり、総見寺《そうけんじ》という寺を安土城のそばに建てて自分を神に祀り上げさせようとしている。信長がそのような悪魔的な意思を持っていたということが、フロイスによって語られているのである。

次が豊臣秀吉《とよとみひでよし》で、彼がまた信長のやり方を真似しようとしている。臨終を迎えたとき、「死んだあと、自分のことを新八幡として祀れ」と遺言しているのである。古い八幡神に対して、自分は新しい八幡神だというわけだ。それを記録しているのが、フロイスの友人であるもう一人の宣教師であった。

もっとも、この案は朝廷からの横槍でつぶれることになる。八幡神とは応神天皇のことであり、朝廷の守護神であった。朝廷は、臣下がその八幡神を名乗ることについてまかりならんといってきたのだ。その結果、秀吉は死んで豊国大明神《とよくにだいみょうじん》にさせられる。

そして、徳川家康《とくがわいえやす》もまた東照大権現《とうしょうだいごんげん》になる。信長、秀吉、家康という、この時代の最高権力者が自分自身を神に擬そうとする思想があらわれてくるのである。その原因はむろんいろいろ考察しなければならないが、そのなかにはキリスト教の影響もあったのではないだろうか。

いずれにせよ、「人すなわち神」という日本型の人神思想が、一六世紀の段階で一つの質的な高まりを見せたことは確かだろう。

怨念を鎮める装置としての加持祈禱

人を信ずるところから出発するしかなかった日本の社会において、もう一つ考えなければならないのが、「怨霊《おんりょう》思想」ではないだろうか。「祟《たた》りの信仰」と言い換えてもいい。人間同士の裏切ったり裏切られたりする関係において、わが国では互いに互いを恨む心理的な構造がいつのまにかできあがっていった。

この祟りの思想は、政治のレベルにおいても生活のレベルにおいても一〇〇〇年以上の長い伝統を保ち続け、今日に及んでいる。哲学者の梅原猛《うめはらたけし》氏がいうところの「怨霊史観」はこれを指すのだろう。これは相当に根拠のある仮説だと思うので、それを私なりの文脈で述べてみたい。

「怨霊」という言葉は、すでに奈良時代から登場する。それが質的に変化するのが、平安時代である。このころに出てくる「怨霊」という考え方は、社会的に非業《ひごう》の死を遂げた人間の霊を指す。そして、これを神社に祀って慰撫し、鎮魂するようになった。そのため、霊の字の上に「御」という尊敬語をつけて「御霊《ごりょう》」といったのである。

桓武《かんむ》天皇の場合でいえば、彼は権力闘争の過程でさまざまな政敵を殺害している。とりわけ、同母弟の早良《さわら》親王を死に至らしめていることは彼の心に傷をつくっただろう。その早良親王の怨霊が祟って、桓武天皇の親族や家臣たちの周辺に異常な事件が頻繁に起こり、不幸をもたらした。

そこで桓武天皇の死後、京都の神泉苑《しんせんえん》で御霊会《ごりようえ》という鎮魂祭を執行《しぎよう》している。そして、これはその後毎年おこなわれるようになった。こうして、祟り信仰と鎮魂儀礼というシステムができあがっていくのである。

もう一つ、この時代に「物の怪《もののけ》」という現象が頻発するようになる。『源氏物語』にも数多く登場するし、摂関体制を完成させた藤原道長の時代にも、物の怪現象がさまざまな資料に出てくる。その代表が、道長の生涯を描いた『栄華物語』である。奇《く》しくも、道長の娘・良子の家庭教師を務めていたのが紫式部《むらさきしきぶ》であった。紫式部は、道長のめかけであったともいわれている。

『源氏物語』と『栄華物語』を読むと、物の怪の現象がどのような状況のなかで出てくるかがよくわかる。たとえば、女性のお産が難産の場合、あるいは病気のときなどにしばしば物の怪が登場する。子供がなかなか生まれずに苦しんでいたりすると、それが物の怪のせいだということになって悪霊払いをするのである。

天変地異が起こっても、疫病がはやっても、物の怪のせいであるとしてそのたびに寺から密教僧が呼ばれ、加持祈禱《かじきとう》がおこなわれた。朝廷の真言院《しんごんいん》は、天皇の体を加持祈禱するための儀礼道場としてつくられたが、その同じ時代に、この物の怪現象が頻発しているのだ。

歴史上有名な、菅原道真の怨霊事件もこのころに起こる。右大臣にまでのぼりつめた道真は、藤原時平の讒言《ざんげん》により、醍醐天皇（第六〇代、八八五〜九三〇）の命で九州の大宰府に流されてしまう。そこで彼は憤死するのだが、やがて京都に異変が立て続けに起こる。そして、それらはすべて道真の怨霊による祟りだと噂《うわさ》されるようになった。

そこで、朝廷は京都の北野に天満宮をつくり、北野天神として道真の霊を祀り上げた。以後、道真は学問の神としてわが国でも最大級の守護神の地位にのぼりつめてしまうのである。祟り性の強いものほど、力のある守護神になるということを示すよい例であろう。

それに対して、ヨーロッパ社会をこの「祟り」という側面から見たとき、どういうことがいえるのだろうか。この場合に参考になるのが、ニーチェの考え方である。彼は『道徳の系譜』のなかで、「ルサンチマン」という概念を提出している。

ルサンチマンは、「怨霊」、あるいは「怨恨感情」と訳されるが、ニーチェによると、金のないものが財力を持っているものに対して持つ怨念、権力のないものが、それを持っているものに対して抱く反感の感情のようなものをルサンチマンと呼ぶといっている。

彼は、ヨーロッパの社会ではしばしばこの種のルサンチマンが蓄積され、結集して社会的な力になると主張する。それが爆発するとき、革命になるというのである。ニーチェは、フランス革命の発生をそのようにして解釈した。もちろんフランス革命にかぎらず、西洋社会における政治改革、社会改革のほとんどがこのルサンチマンの社会化によって起こるのだといっている。

同時に、大変興味をひかれるのは、原始キリスト教の運動もまたこのルサンチマンが蓄積された結果だ、とニーチェは主張する。イエス・キリストの思想は、もちろん愛を中心とするものであるが、そこにルサンチマンという起爆剤が作用し、社会的な運動として展開していったのだというのだ。

ニーチェは、フランス革命と原始キリスト教の発生を同時に説明する理論装置としてルサンチマンという新しい言葉をつくった。ニーチェのこの論に触れたとき、「なるほど、そういうことかもしれない」と、私は感動したものである。

それに対して、わが国ではどうであったかと考えると、日本では政治運動にしても宗教運動にしても、さまざまな人間の怨念がひとつの社会的な力となって結集することはほとんどなかったのではないだろうか。

平安時代の三五〇年の平和や江戸時代の二五〇年の平和、あるいは明治維新の無血革命の背景に、そのような怨念の社会的蓄積や爆発はなかったと思うのである。そういうことが起こるよりも先に、わが国では「祀り上げ」の思想によって人間相互の怨念を鎮めてしまうというメカニズムが働いてきたのではないだろうか。

古代的な「鎮め」の装置としては、先に述べたような加持祈禱があるが、これについてつけ加えておきたいことがある。本居宣長《もとおりのりなが》（一七三〇～一八〇一）の書いたもののなかに、よく知られた源氏物語論がある。『玉《たま》の小櫛《おぐし》』という論文だが、宣長はここで次のようなことをいっている。

『源氏物語』では、体に異常が起こった場合、まず加持祈禱僧を呼んできて祈禱をする。薬を飲ませるのはそのあとだというのである。平安時代の宮廷社会において、すでにそういう考えができあがっていた。加持祈禱こそが、宣長のいうところの「あはれ」で優れた治療の方法で、薬を飲ませて治すのは「さかしら」な劣った方法だと彼は述べている。

これは、宣長の独断的な解釈ではないだろう。人間の体に異常な事態が発生するのは、特定の人間の怨念が霊となって祟っているからだという一種の病原論が、当時の貴族社会で認められていたということである。それはわれわれの美意識や生命感覚とどこかでつながっているものだが、同時にそのような病原論が、人間のルサンチマンを慰撫鎮魂するための文化装置でもあったと思う。

非業の死を遂げた人間を鎮めるために、神社をつくるのも同じ動機からきている。このような神社祭祀は、のちに仏教にまで影響を及ぼすことになる。死んだ人の遺骨を寺に納めて葬る行為がそれである。こうした神社仏閣における祓《はら》いの儀礼によって、ルサンチマンが社会的な力になる前に鎮められてしまうのだ。

日本人は、通常建物を建てるときに地鎮祭をおこなう。海外に進出した企業が外地に工場を建てる場合でも、地鎮祭をとりおこなう。「海外に出てまで地鎮祭をやることはないだろう」と思わないでもないが、日本人はどこにでもその土地の神がいると考える。その土地の神に敬意をあらわし、仁義をきってから建物を建てるのである。

これは祟りを恐れる気持ちから発生したものではあるが、人間を超越した存在や自然を畏怖する心にもつながる。余談だが、これからの地球に対する人間の態度として、日本人のこのような心情は重要な意味を持つようになるのではないだろうか。

平将門の怨霊

怨霊といえば、平将門《たいらのまさかど》（?～九四〇）を除くわけにはいくまい。その将門に関して、私はいくつかの体験をした。まずはそれを記してみよう。

旧冬、久しぶりに比叡山に登った。根本中堂《こんぽんちゅうどう》のあたりで一服してからさらに坂道を這《は》い上がると、すでに比叡連峰の最高峰四明岳《しめいがたけ》の頂上だった。

そこから少し下り、ロープウェイの終着点になっている比叡山頂遊園地に向かう。車を降りて遊園地の入り口をくぐり、少々登ると急に展望が開け、眼下に京都の市内が見おろせる。右手に展望台の建物があり、さらに右手に回ると、かつて入山した最澄《さいちょう》が「願文《がんもん》」を書いて決意を固めたと称する場所に、それを記念する小祠《しょうし》が鎮まっていた。

ちょうどシーズン・オフで園内は人影もまばらであったが、少し戻って左手に歩いていくと、そこに異様な巨岩が根を生やしたように地を這っている。野獣が折り重なって臥《ふ》せっているようにも、また大蛇がとぐろを巻いているようにも見える。聞くと、それが将門岩とのことだった。説明板のようなものも立っている。本体が将門岩で、その右手後方にやや小ぶりのかたちでのびているのが純友《すみとも》岩とあった。

一〇世紀、東国では平将門、西国では藤原純友（?〜九四一）が王朝政権に反抗して兵を挙げた。世に承平《じょうへい》・天慶《てんぎょう》の乱といわれるものだ。乱はやがて鎮圧され、将門も純友も殺されてしまう。だがどうしたわけか、将門の怨霊だけは天下の人心に尋常ならざる恐怖を植えつけ、将門伝説なるものが伝染病のように広まっていった。

その将門の名にちなんだ岩が、いったいどうして叡山の山頂に鎮座することになったのか。比叡山は一〇〇〇年もの間、いわずと知れた王城鎮護の霊場だった。俗に三塔一六谷という。わが国に生息するありとあらゆる神と仏が重畳《ちょうじょう》する峰々や谷間に割拠し、無人のネットワークをはりめぐらしている。仏法の雄たけびが間断なくあがり、山川草木が成仏の微風にそよいでいるところだ。

誰が思いついたものか、この四明岳の岩上で将門と純友とが語らい、京都盆地を見おろしながら反乱を計画したのだという。その話は『神皇正統記《じんのうしょうとうき》』や『将門純友東西軍記』に伝えられている。

もっとも、歴史的には将門と純友は相知ることはなく、ましてや共同謀議をやったことなどはなかった。後世の付会にすぎないが、しかし当時、将門怨霊伝説の猛威がどれほどのものであったかを測る逸話ではあるだろう。

将門反乱が明らかになった天慶三年（九四〇）、この比叡山延暦寺においても反乱を調《ちょう》伏《ぶく》するための祈禱がおこなわれていた。座主《ざす》だった尊意《そんい》は延暦寺でそれをおこない、また文章博士《もんじょうはかせ》の三好清行《みよしきよつら》の子の浄蔵《じょうぞう》も首楞厳院《しゅりょうごんいん》で大威徳法《だいいとくほう》（衆生を害する一切のものを摧伏《さいふく》する祈禱）を修している。

比叡山が鎮護国家を唱える総本山であったことからすれば、これは当然のことといわなければならない。もしもそうだとするならば、将門・純友の名を冠した地を這うような巨岩はさしずめ調伏され、押しつぶされてしまった岩塊、ということになるのだろうか。そう思って見ると、将門岩はいかにも苦しげに山頂の地面に這いつくばっているようだ。

それで思い出すのだが、先祖代々、京都に住むフランス文学者の杉本秀太郎さんに「京都十景」なるおもしろいエッセイがある。そのなかに比叡山を語った一文があるが、そこに次のような話が紹介されている。

——氏の友人が母親を失ったとき、その告別の場で弔問客に向かい、特にお墓はつくりませんから、比叡山を母のお墓と思って拝んでいただきたいと繰り返した。

また杉本さんの縁者の一人は、骨灰のひとかけらを墓に納め、あとは比叡山頂の将門岩あたりに撒《ま》き散らしてほしいと遺言した、という。

京都に住む人々が朝な夕な比叡山を振り仰いでどのようなことを考えていたかが、これからも知れる。お山が墓所であるという感覚は比叡山にかぎらずごく自然なものであるが、将門岩のあたりに死後の散骨が望まれていたということになれば、あの将門の怨霊はすでに鎮魂の始末がつけられていたということになる。

やはり比叡山の威力は尋常ならざるものというほかはないのだろう。その岩塊が押しつぶされたように這いつくばって見えるのも、あるいはそのためかもしれない。

玉体の安穏を祈る巨木

以前私は、比叡山で伝統的におこなわれてきた千日回峰行《せんにちかいほうぎょう》に関心を持って、一夜だけ行者のあとを追いかけてみたことがある。

ちょうど酒井雄哉大阿闍梨《さかいゆうさいだいあじゃり》が二度目の回峰行に挑んでおられるときであった。飯室谷《いいむろだに》の御房《ごぼう》でご挨拶し、あらかじめお許しは得ていた。深夜に起き、色装束で山道にあらわれる行者《ぎょうじゃ》のシルエットを拝んで、あとをつけた。

むろん飛猿《ひえん》のごとく峰々に分け入る行者に、そのままついていくことなどできるわけがない。自動車道をタクシーで先回りし、行者の出現を待つのである。ほんのわずかな行程だけ山歩きのような真似をしただけだったが、それでも全身から汗がにじみ出た。

峰々を駆ける行者のルートはむろんきちんと定められており、立ち寄って礼拝《らいはい》する場所も教えられていた。そのうちの一つに、玉体杉《ぎょくたいすぎ》と称する巨木がすっくと立っている場所があった。先の四明岳から奥比叡ドライブウェイ沿いに、横川《よかわ》に向かっていったところである。

車を捨てて山道に入り、しばらく歩くと峰の林が切れたあたりで急に視界が開け、一本の杉の巨木が天を摩するようにのびている。下方に目を移すと、京都はかすかな明かりの海を浮かび上がらせたまま闇のなかに沈んでいた。

見るとその巨木の足元に、平らな石でつくられた低い座席がもうけられている。そこに行者が座り、はるか御所を望んで玉体（天皇）の安穏を祈る。玉体加持のことだが、その風儀がそのまま今日に伝えられているのであり、行者はこの場所でだけ腰を下ろして祈ることを許されている。そこに生えている杉が玉体杉と呼ばれてきたゆえんであるが、よく晴れた日にはこの玉体杉を京都市内から遠望することができるという。

酒井師が一身に経文を唱えている間中、その足元に二匹の犬がうずくまって耳を垂れていたのが印象に残っている。

行者の歩行に毎日のように随従して、その先導役を務めていたのである。

この玉体杉のある地点は、比叡山山頂の四明岳と横川のちょうど中間点にあたるのだが、一方の将門岩が御所に対して呪いの共同謀議を凝らした場所であったのに対して、こちらの玉体杉のほうは、天皇を加持し、擁護するもう一つの聖所であったことは、なんともおもしろい。

都を見はるかす将門岩と玉体杉の対照は、王城＝京都に対する比叡山の硬軟を取り混ぜた戦略をしのばせて興趣が尽きない。王城を呪うかとみれば鎮め、鎮護するかと思えば脅かす、しばしば鬼門と称せられる比叡山の地政学的位相は、京都にとってはまことに油断もすきもない構えであったというほかはないのである。

大きな名前の小さな小さな神社

ところがじつをいうと、将門の霊魂は比叡山山頂にその痕跡をとどめていただけではない。それはひそかに京都市内の心臓部にも意外な影を落としている。というのも、京都市街の中央部をなす四条烏丸《からすま》から西にちょっと進み、南に下がった小路を入ったところに、将門の霊を祀る小祠がつくられているからである。

袋小路を思わせる狭い道を入ってかぎの手に曲がった場所、とある家の玄関先の軒下を借りるような格好で将門は祀られている。そのつもりでよほど目を凝らして歩かなければ見過ごしてしまう。

そのうえ、傍らについている表札にはなんと「神田神宮《かんだ》」とあった。小祠のなかの小祠であるにもかかわらず、神宮ということごとしい名をぶら下げているところがほほえみを誘う。

関東で将門社といえば、すぐにも御茶の水の聖橋《ひじりばし》を渡ったところに広壮な構えを見せる神田明神があるのを思い出すが、むろん比べられるような景観ではない。むしろ皇居前にひっそりとたたずむ将門の首塚に近いといったほうがよい。

しかしそれにしても、いったいどうしてそのような狭い路地の奥まったところに神田神宮なる将門の霊祀《れいし》が建てられたのか。京都の古い町並みの故事来歴を記したものに、『京都坊目誌』というのがある。先の杉本秀太郎さんに教えられた書物であるのだが、その下京区の部に先の神田神宮のことが出てくる。これはまず各街区の町名を出し、その地域に伝えられている神社や古跡を一つひとつ挙げて、歴史の背景や伝承の発生を簡略に記しているまことに便利な案内書である。

それによると、神田神宮は元「膏薬道場《こうやくどうじょう》」の跡にできた古跡であるという。神社ではなく寺の道場だったところで、空也上人《くうや(こうや)しょうにん》（九〇三〜九七二）が開き、時宗《じしゅう》に属したとある。空也は一〇世紀の人で、民間に念仏を広めた市聖《いちのひじり》として知られるが、そのゆかりの道場だったと伝えられる場所が京都には各所にある。ここでいう「膏薬道場」もその一つだったのである。

ただ、「膏薬道場」とはいかにも奇体な名ではないか。前出の『京都坊目誌』では一説を引いて、膏薬というのは空也供養の寺をいい誤ったためではないかという解釈を披露に及んでいる。また、この膏薬道場のある辻では、将門の首がさらされたのであるともいう。

だが、周知のように歴史上の平将門は藤原秀郷《ふじわらのひでさと》や平貞盛《たいらのさだもり》の軍に追いつめられて、下総《しもうさの》国《くに》で斬られている。

つまり、それは単なる俗伝ということになるのだが、しかし、この言い伝えはそれ以降いっこうに衰える気配はなく、京都の人々の胸のうちに棲《す》み続けた。そのためであろう。この膏薬道場近くの人家の屋敷内に高さ三尺ほどの五輪石塔が建てられ、その上部に将門の霊が祀られるようになった。

なんの根拠もない俗信が一人歩きし、将門の怨霊を引き寄せてしまったということになる。もっとも怨霊ともなれば、それを生のまま勧請《かんじょう》するわけにもいかない。

空也念仏によって鎮める工夫が施されたのは当然のことで、空也道場がなまって膏薬道場のイメージがいつの間にか定着してしまった。実情はほぼそんなふうに推移していったのではないだろうか。

この五輪の石塔は、京都の市街をひとなめにした天明の大火（一七八八）では焼け残ったが、その後の元治元年（一八六四）の火事で焼失し、台石だけがあとに残されたという。

将門の首が比叡山頂に飛ぶ

このように神田神宮が祀られていたところは、もともとはお寺の跡であってお宮の敷地ではなかった。

寺と神社の混交がいつ生じたのかは定かでないのだが、ひょっとすると明治の神仏分離、廃仏毀釈《はいぶつきしやく》の余波がこの小路にも及んだのかもしれない。それとも、関東は御茶の水の神田明神の成立と関係があるものなのか。

いずれにしろ、そうした故事来歴をひとまず宙に放って、その神田神宮のある地点からはるか丑寅《うしとら》（東北）の方向に比叡山を仰ぎ見るとき、四明岳の頂上に盤踞《ばんきょ》する将門岩の陰影がいまにも見えるような気分になる。

京都市街の大小高低さまざまの建築物がない時代、空に一点の雲もなく晴れわたったような一日、その山頂に鎮座する巨岩はあるいはもっと鮮明なシルエットをともなって盆地人の視野に飛び込んできたかもしれない。

あの回峰行の玉体杉があやまたず御所の心臓部を見おろしていたように、四明岳に横たわる将門岩は四条・膏薬道場にかくまわれている五輪の塔とひそかな交信を交わしていたのではないだろうか。

後世の伝承によると、四条河原で梟首《きょうしゅ》（さらし首）された将門の首はやがて天空に駆け上がり、血を滴らせ、憤怒《ふんぬ》の形相のまま関東の地を指して飛んでいったという。

そのとき、将門の首は比叡山の山頂あたりにしばらく漂い、かつて王朝政権の転覆を志して謀議を凝らした、あの思い出の岩塊に一瞥《いちべつ》をくれたのではないか。

靖国の先に見えるルサンチマン

失われた風景「東京だョおっ母さん」

島倉千代子の「東京だョおっ母さん」という歌は、息子を戦争で失った母親が田舎から東京に出てくるところからはじまる。その母親を娘が案内して、宮城《きゅうじょう》の二重橋、九段《くだん》の靖《やす》国《くに》神社、最後に浅草の観音さんに連れて行く。確かに母娘による東京見物の歌には違いない。「ここが東京だよ。おっ母さん」という娘の声が聞こえてくるようだ。

しかし、この歌をよくよく味わってみれば、それが息子であり、兄である戦死者の霊を弔うための巡礼歌であったことが見えてくる。鎮魂の歌であるということがわかる。

まず、娘が母親の手を引いて、二重橋までやって来るところからはじまる。

おっ母さん
ここが　ここが二重橋
記念の写真をとりましょうね

その後、母娘は九段の「靖国」神社にお参りする。戦死した兄さんの御霊《ごりょう》に会うためだ。優しかった兄さんは今、この九段の桜の下で待っているはずだと思う。田舎の話も聞きたいというだろう。そこで娘がいう。

おっ母さん
あれが　あれが九段坂
逢ったら泣くでしょ　兄さんも

二重橋と九段への参拝がすんだあとは、浅草の観音さんにお参りすることになる。やっと着いた、着いたと娘がいう。このまま達者で、長生きできるようにお祈りしましょうよ、と母親にいう。

おっ母さん
ここが　ここが浅草よ
お祭りみたいににぎやかね

ところが、いつのころからか、島倉千代子さんはこの歌を歌うときに二番を飛ばして歌うようになった。時代風潮が「靖国」を省いて歌うようになった。時代風潮が「靖国」アレルギーを次第に加速させていったからであろう。

おっ母さんが二重橋の前で深々と頭を下げている。しかし、その胸の奥にはまだ悲しみの余韻がくすぶっている。やがて九段坂の社頭にぬかずく。しかし、それでも息子の鎮魂に確信が持てないでいる。

最後になって、観音さんにお参りして肩の荷が下りる。そのときになって、ほっとする。そして長生きしようと思う。

「ふるさと」に帰ればどの家にも見られた、昭和天皇の御真影と神棚と仏壇という神仏信仰の三幅対《さんぷくつい》も、いまやまったく見られなくなった。その巡礼コースが、二重橋、九段坂、浅草だったのだ。その国民信仰の基盤がすっかり揺らいでしまったといっていいのである。

私たちは、時代の大きな変化を体験してきたということである。

靖国問題とは何か

その靖国神社について、さまざまな問題提起がなされている。平成一四年（二〇〇二）一二月、当時の福田《ふくだ》康夫《やすお》官房長官の私的諮問機関である「追悼・平和祈念のための記念碑等施設の在り方を考える懇談会」が報告書をまとめた。これは平成一三年の小泉純一郎首相の靖国神社参拝をきっかけに発足したものだが、その眼目は「国立の無宗教の戦没者追悼施設が必要だ」というものだった。死者の追悼行為が「無宗教」でも可能なのだろうか。

同じことは、首相の靖国神社参拝の場合にもいえる。首相は「二拝二拍手一拝」の神道形式を取らず、一礼したのみだったという。「一礼」のみなら「無宗教」というのだろう。これが政治的な常識になっているのである。

死者の霊を祀るというのが、そもそも日本人の信仰の基本だった。その点では神道も仏教も変わりがなかった。死者の霊を祀るということは、つまり先祖崇拝のことである。このような信仰の歴史を無視しては、慰霊という問題も明らかにはならない。

死者のことを「ほとけ」(仏)という。どんな人間でも死んでしまえば「ほとけ」といい、「ほとけ」として弔ってきた。仏教の本家であるインドでは、「仏」とは修行を積んで悟った人間のことを指すのに、なぜ日本ではそういうことになったのか。

インドの浄土教では、修行を積んだ人間は死んだあと、西方十万億土の浄土に往生すると考えられていた。この考え方が日本文化に伝えられると、「浄土」は日本の風土に合ったように読み替えられてしまった。われわれの生活圏からどこにでも眺められる山や丘や森、そこに浄土があると想像し、山中に浄土あり、という信仰が芽生えたのである。

これがわが国における神仏習合の原型といっていいだろう。死者の魂を、神や仏と同一視してきた先祖崇拝の特色である。「死者ボトケ」に対する崇拝が、先祖の霊に対する慰撫・鎮魂の儀礼として発達していったのである。その慰霊の伝統は、中世・近世を通じて変わることがなかったといっていいだろう。もちろん、「靖国」参拝問題の根底にも流れ続けている信仰なのである。

それが、明治の文明開化のかけ声とともに打ち破られることになった。明治国家がおこなった二つの宗教政策、「神仏分離」と「政教分離」である。「神仏分離」というのは、神か仏か選択せよと迫る心の世界に対する強制だった。「神も仏も」という神仏共存の伝統的観念が、西欧基準の「あれかこれか」の二者択一の理念に取って代わられたのである。「政教分離」は複雑な経過をたどった。伝統的な神道儀礼を「万世一系の天皇」という観念と結びつけ、それを国家の基盤を支える精神原理に据えようとした。西欧社会におけるキリスト教の威力に匹敵するシステムを、そのようなかたちで人工的につくり出そうとしたのである。そこには、伝統神道のキリスト教化の跡を見ることができる。神道の西欧化といってもいいし、神道の一神教化の試みであったといってもいい。

しかし、皇室の万世一系性を国家の機軸に据え、それを神道儀礼に結びつけるのは政教分離の原理に反するのである。そこで、明治政府が苦肉の策としてつくり上げた対案が、神道のなかで祭祀儀礼と宗教性を分離するという応急処置だった。神道における祭祀と宗教の分離である。

「祭祀」そのものは「宗教」ではないというのである。神道の一神教化を経た人工神道への転落、あるいは「国家神道」という非宗教的な人工神道への道行きがはじまったのである。

しかし、この欺瞞《ぎまん》は昭和二〇年（一九四五）の敗戦によって瓦解した。天皇が「人間宣言」したように、靖国神社も「宗教宣言」する時代が到来したのである。だが、現実の政治の動きは逆行してはいないだろうか。その象徴がこれまでの自民党政権下での首相による靖国神社参拝の行動である。神道は「祭祀」であって「宗教」ではないとする、明治政府が使った詐術のわなと共通する思想が息を吹き返しているのではないだろうか。

死者を許さない文明・許す文明

中国から見れば、靖国神社はその目にどう映るのだろうか。

旧聞に属するが、二〇〇二年は、日本と中国の間に国交が正式に開かれてから三〇周年にあたる年だった。それを記念していろいろな行事がおこなわれた。私もそんな催しに招かれたり、参加したりする機会がわずかながらあった。

私のいた国際日本文化研究センターには、たまたま吉林《キツリン》大学の日本研究所長・魯義《ルーイー》氏が滞在中で、そのお話をうかがって啓発されることがあった。ご専門が日本政治で、その立場から「中日関係と相互理解」という講演もしていただいたのである。

それでまず興味をひかれたのが、各種の世論調査から推定すると、両国間の相互信頼度は、そのころ急激に低下していたということだった。たとえば「日本を信頼できない」中国人は、一九八八年の三四％から九九年の六二％へと大きく増加している。そして、それとあたかも符節を合わせるかのように、「中国に親しみを感じる」日本人は八〇年に七九％もあったのに、九八年になると五〇％を割ってしまったという。

魯氏がその原因として挙げたのが、日本政治の専門家らしく、中国側にとっては歴史教科書問題、日米安保の再定義、それまでの歴代首相の靖国神社参拝などであった。これを日本側から見ると、天安門事件、中国の核実験、そして密入国などがマイナス要因として働いていたのではないかという。これに加えて、瀋陽《しんよう》での亡命者連行事件の影響も大きい。

が、そのなかでも特に私がはっと思ったのは、魯氏がA級戦犯を祀る靖国神社への首相の参拝の問題に触れて、「日本人は死者を責めないけれども、中国人は死者であっても許さない」といっている点だった。それが当時における両国の険悪な関係、その相互信頼を阻む「溝」の一つになっているのではないかという指摘だった。

あえていってみれば、死者を許す文明と死者を許さない文明、ということになるのだろうか。もしもそういうことになれば、それは何も「靖国」の問題だけにとどまらないことになる。事柄の本質は「靖国」をこえて、五百年、千年の文明のテーマになるかもしれないと思ったのである。

私がその魯氏の発言に触れて思い出したのが、伍子胥《ごししょ》の話である。春秋時代末の人で、死体に鞭《むち》打って生前の恨みを晴らしたことで世に名高い政治家だ。司馬遷《しばせん》の『史記』にその生涯が生き生きと描かれているが、この怨念の人、伍子胥に対する司馬遷の思い入れもまたただごとではない。歴史の証言者として宮刑の屈辱に耐えた司馬遷も、おのが身に受けた恥辱にあらがう怨念の人であった。人間の抜き差しならぬ深刻な運命を見据えた人間だった。

伍子胥が生きた時代は、孔子が魯《ろ》の国で政治改革に奔走していたときである。伍子胥が仕えたのは楚《そ》の国の平王《へいおう》であるが、たまたま政争に巻き込まれ、父と兄がその平王に殺されてしまう。

命からがら呉《ご》の国に逃亡した彼は、父と兄の敵《かたき》を討つため楚を滅ぼす謀略に身を焼き尽くす。その必死の努力の甲斐《かい》あって、楚の都を落とすことができたが、ときすでに遅く、当の平王は死んでいた。そこで伍子胥は平王の墓を暴き、屍体《したい》を掘り出して鞭打つこと三百回だったという。

「死屍《しし》に鞭打つ」という言葉がそこから生まれた。だが、怨念の人伍子胥は、その怨念の毒によってかえって悲劇的な最期を遂げることになる。なぜなら、彼は呉の王・夫差《ふさ》とのあいだに不和を生じ、讒言によって王に自殺を命ぜられたからだ。

そのときいい残した言葉がふるっている。自分の目をえぐって呉の都の東門にぶら下げよ。呉の滅亡の姿を見るためだ。そういうと、われとわが首をはねて死んだ。これを聞いた呉王は立腹し、伍子胥の屍体を奪い、馬の皮でつくった袋に入れて揚子江に浮かべたという。

呉王もまた死屍に鞭打ってその怨念を晴らそうとしたのである。なんともすごい話ではないか。今日の「靖国」問題でいえば、A級戦犯たちはさしずめ伍子胥における平王、さらにいえば、呉王の夫差にとっての伍子胥その人、ということになるかもしれない。屍体に鞭打たずにはおかない許しがたい死者というわけである。

この春秋時代の「死屍に鞭打つ」行為は、中国の歴史においてはむろん一過性のものではなかった。先の魯氏によると、中国ではたとえば、「遺臭万年《いしゅうばんねん》＝悪名を後世に残す」というようなことをいう。その一つに、南宋時代（一二世紀）の岳飛《がくひ》と秦檜《しんかい》をめぐる話がある。

秦檜は南宋の高宗の寵《ちょう》をほしいままにした宰相、それに対して岳飛は一方の軍閥の旗頭で、中央政府の統制に服さなかった。それを見た秦檜は軍閥の諸将を操り、岳飛を追いつめて獄死させた。しかし、やがて岳飛にかけられた無実の罪がそそがれ、その魂は神として祀られることになる。逆に秦檜のほうが奸臣《かんしん》の烙印を押され、売国奴の地位におとしめられたのである。

ちなみに、中国の杭州《こうしゅう》には岳王廟なるものがあるが、そこは岳飛を救国の英雄として祀ったところだ。魯義氏によると、その岳飛の墓前には秦檜夫妻の縛られた鉄像が建てられている。それを見れば、中国人の「愛」と「憎」の伝統文化がどういうものであるかがわかるだろう、という。

恨の五百年

中国の歴史に姿をあらわす伍子胥や岳飛、秦檜の話を知らされて念頭によみがえってくるのが、もう一つ、韓国における「恨《ハン》の五百年」という物語である。

このテーマについては、これまでにもさまざまな文脈のもとに語られてきた。南北に分断された国家における離散家族の悲哀、日本の植民地時代における強制連行・強制労働、独裁的政治権力と儒教的家父長制という二重の抑圧構造、そして最近のトピックでいえば、民族の被抑圧感情を晴らしてきた韓国サッカーの歴史などなど、数え上げていけばそのテーマは十指に余るであろう。

これらのさまざまな「恨」と「恨半島」にかかわる議論のなかで特に胸に響いたのが、韓国の文芸評論家・李御寧《イーオリヨン》氏の『恨《ハン》の文化論――韓国人の心の底にあるもの』という書物だった。氏は一九八二年に『「縮み」志向の日本人』を刊行してわが国において話題を呼んだが、その『恨の文化論』では、民話や歴史的なドラマを分析しつつ、日韓両国民の感性を比較している。

それによると、韓国文化の母体となっているものがそもそも「恨の文化」である。日本語で「恨み」は「怨」と「恨」にあてられ、ほぼ同じ意味に用いられているが、韓国ではその二つの言葉は区別されなければならない。すなわち、「怨」というのは他人に対して抱く感情であり、外部の何かについて抱く感情である。ところがこれに対して、「恨」はそうではない。それはむしろ、自分の内部に沈殿し、鬱積していく情の塊なのだという。「怨」は熱っぽい。復讐によって消され、晴れる。だが、「恨」は冷たい。望みがかなえられなければ、解くことができない。「怨」は憤怒であり、「恨」は悲しみである。だから、「怨」は火のように延々と燃えるが、「恨」は雪のように積もる。

韓国語の「怨」と「恨」では、いってみれば感情の発酵状態が違うということだ。それを区別することで、韓国人の感性と日本人の感性の違いが明らかにされるというのである。おそらくそうであろうと私も思う。たとえば韓国の演歌を聴いていて、どことなく日本の演歌と違うなと思うことがある。

なかなか言葉にはしにくいところなのだが、どこか韓国演歌のほうがクールで透き通った感じがある。その感じの違いは、李氏によれば、恨は冷たい、恨は雪のように悲しく積もる、という表現になるのであろう。

もっとも、演歌的な発想や心のあり方ということでいえば、韓国と日本の間に明らかに共通のトーンも見出せる。たとえば森彰英《もりあきひで》氏の『演歌の海峡――朝鮮海峡をはさんだドキュメント演歌史』によると、あの「カスマプゲ」をはじめとする韓国大衆歌謡のヒットメーカー・朴椿石《パクチュンソク》氏も、この「恨」の文化論の支持者だったという。

氏は一九八〇年の夏に日本に来て、美空ひばりのために「風酒場」を作曲している。そして「恨五百年」という韓国民謡に触れ、「恨」はこの国の伝統的な民謡の源泉をなし、そこから流れてきて大衆演歌の底流となったのではないかといっている。人生の悲哀や魂の慟哭《どうこく》をつむぎだす基調低音だといっているのである。

「恨五百年」といえば、八〇年代に来日して話題を呼んだ韓国人歌手・趙容弼《チョウヨンピル》もこの歌をうたって聴く者の魂を揺さぶった。彼は日本でも大ヒットした「釜山港へ帰れ」にはじまり、代表的な韓国演歌の「木浦《モッポ》の涙」「哀愁の小夜曲《セレナーデ》」、それに日本のヒット曲「昴《すばる》」「氷雨《ひさめ》」「舟歌」、伝統芸能のパンソリまで、韓国語、日本語、英語と織り交ぜながら熱唱した。

ほとんど日本語は話すことができないにもかかわらず、みごとに日本語の情感を伝えることに成功したのである。

この趙容弼の歌の魅力は何かということになるが、彼は「情、愛、恨にあふれた歌」を自分に課しているという。「恨五百年」のなかには、「恨みながらも五百年、いまさらいってもしようがない」という歌詞が出てくるが、「恨」は韓国人の心の奥にある民族の怒りであるとともに悲しみをあらわしているのであろう。悲哀や怒りが、長い歴史の発酵期間を経てふつふつと噴き上げてくる。「恨五百年」は、そのような感情の発酵を端的に象徴している言葉なのかもしれない。

それにしても、「恨の五百年」とは激しい言葉ではないか。日本人の感性に突き刺さるような強い表現であると思わないわけにはいかない。

「恨」が先の李御寧氏のいうように、「冷たく」「雪のように」心のうちに積もり続けているものであるならば、それはいつの日にか晴らされることがあるのだろうか。どのようにして鎮められることがあるのだろうか。

仏教による慰撫鎮魂のメカニズム

この疑問に答えようとしたのが、たとえば崔吉城《チエキルソン》氏の『恨《ハン》の人類学』という仕事ではなかったかと私は思う。

氏は人類学の視点から韓国シャーマニズムの問題を研究してきた専門家であるが、その長年にわたる実態調査と研究蓄積にもとづいて、いくつかの興味ある仮説を提出している。

それらのなかで私が関心を持ったのが、たとえば次のような指摘であった。——古くから韓国に入ってきた仏教は、人間の恨みや煩悩を昇華する解脱の境地へ導く宗教として機能し、個人の救いを唱え続けた。それは恨みや復讐心にかかわる問題を克服の方向へと昇華させる信仰だった。

けれども、人間というのは誰しも、その心の片隅にどうしても解きほぐすことのできない「恨」を抱えて生きている。その人間の奥深い哀しみを正面から扱ったのが、韓国では巫《ふ》俗《ぞく》信仰、すなわちシャーマニズムだったという。

このような観点から眺めると、仏教はポジティブな宗教、それに対して巫俗はネガティブな宗教、ともいえるのであるが、李朝時代に入ってからは、そういう伝統の上にさらに儒教と巫俗の対抗関係が重なるようになる。なぜなら、李朝は仏教を排し、儒教を強力に推し進める政策をとったからである。

儒教の祭祀は、幸せに暮らして死んだ祖先に対する崇敬の心を基盤にしている。儒教の「孝」は、その儀礼をあの世の祖先の世界にまで延長させたものだ。しかし、不幸せに死んだ人間や奇人たちに対しては、「礼を惜しむ」のである。そのため、巫俗信仰はそのような正統的な儒教への反動として、この不幸なる霊魂の救済について強い関心を示すようになった。儒教と巫俗のあいだで宗教上の機能分化がおこなわれるようになったのだ。

ところで、先に述べたように、人間の「恨」を鎮魂慰撫する役割を果たしたのが李朝以前においては仏教であった。が、それ以降の時代になると、仏教に代わって巫俗信仰が鎮めの宗教の主役を演ずるようになった。

「怪力乱神《かいりょくらんしん》」を語らない儒教社会と、死者の恨の世界に踏み込んで「怪力乱神」を語る巫俗社会という二重構造である。しかしながら、その巫俗はあくまでも社会の日陰に咲くネガティブな信仰だった。

そのような見取り図のなかで、崔吉城氏が興味ある事例をわれわれの前に差し出している。韓国の中部地方で広くおこなわれている崔《チェ》将軍にまつわる巫俗祭祀である。ここでいう崔将軍とは、高麗王朝末期の武人政治家だが、彼はその高麗王朝を滅ぼした李成桂《イソンゲ》に捕らえられて殺された。

李氏朝鮮の五百年が、こうして始まる。見られるとおり、この崔将軍は、時代の転換期や王朝の交代期における悲運の将軍、恨みの心をのんで非業の死を遂げた英雄であった。やがて民衆の間に、新たな鎮魂の物語が語られるようになる。崔将軍に同情し、その恨みの魂を浄化して神として祀る巫俗の物語である。その民衆祭祀の特色について、崔氏は豊富な材料を繰り出して詳述しているのであるが、最後に、その崔将軍における死と鎮魂の物語が日本における菅原道真の運命と酷似しているといっているところがおもしろい。道真もまた、政治の渦に巻き込まれて非業の死を遂げた文人英雄だったからだ。

道真の怨恨は死後まがまがしい災厄を引き起こすと恐れられたが、やがて神として祀られ、鎮められた。よく知られている天神信仰である。

だがほんとうのことをいえば、この両者における慰撫鎮魂の物語が似ているのはそこまでである。両者の共通性はかなり表面的なものではないだろうか。なぜなら、崔氏も強調しているように、李朝の五百年は仏教を排した儒教優位の社会ができあがった時代だったからであり、したがって怨恨浄化のメカニズムは表向き強くは働くことができなかったからである。

煩悩の昇華というか、慰撫鎮魂の仕事を引き受けたのが、裏街道に生きる巫俗信仰の世界においてだったからだ。ネガティブな宗教としてのシャーマニズムだったといってもいい。

李御寧氏が指摘するように、韓国文化における「恨」が冷たく、雪のように積もって晴れることがないというのも、そのような社会背景があっての話だったからではないだろうか。

儒教を表看板に押し立てた「李朝五百年」の歴史が、「恨の五百年」のエートス（性格・習性）を生み出す母体になったということになるのであろう。

仏教による怨霊救済のメカニズムが息の根を止められ、それに代わって社会的に抑圧された巫俗信仰がネガティブな鎮魂救済の仕事を引き受けることで「恨」の文化が生み出されたのだ、といえないこともない。

このように考えてくるとき、日本のこれまでの自民党政権の政治家たちによる靖国参拝が、いくら日本側からする抗弁を繰り返したとしても、中国側、韓国側からの厳しい非難と攻撃に途絶えることなくさらされ続けてきたことの真の背景が見えてくるのではないだろうか。

A級戦犯の死屍に鞭打ち、そのなきがらに恨の涙を流し続けてやまないエートス、といってもいいだろう。わが国におけるような仏教による祟りと鎮魂、浄化のメカニズムが、そこでは十分に機能することがないか、あるいはそれがまったく作動していないというほかはない。

あえていえば、死者を許す文明と死者を許さない文明の緊張と対立の構図が、そうしたかたちで今日まで根強く尾を引いているのである。

祟りと鎮魂のメカニズム

死者を許す文明の誕生

明治「無血」革命のなかに大乗仏教の影を見ようとしたのが、イギリスの経済学者・アーノルド・トインビー（一八五二〜八三）だった。仏教の洗礼を受けた「島国」が、アングロサクソンの「島国」とは異なった思想的風味をかもし出した。明治の政治決断が独自の方向性を示したのもそのためではないか。トインビーの思考の針はそのように動いていったように私は思う。

これは、あまりにも大ざっぱすぎる見取り図であるかもしれない。それだからだろう。これまでこのような問題が議論されることは、まずほとんどなかった。いつも実証主義の立場から、トインビー流の大風呂敷と軽くいなされてきたのである。

だがしかし、その議論の舞台に、「死者を許す文明」と「死者を許さない文明」という視点を導入するとどうだろう。死者を許す文明という言明の背後に、仮に死者のルサンチマン（怨恨感情）を浄化する思想装置、といったようなモチーフを設定してみると、いったいどんな光景が見えてくるだろうか。あえていってみれば、この日本列島という「島国」に発生したルサンチマン浄化の歴史的展開、といったような光景についてである。

ここで死者のルサンチマンというのは、もちろん死者の「祟り」ということだ。死者の祟りといえば、いかにも異界の事柄に属する特殊領域の話のようにも聞こえるが、ここでいうのはそうではない。この島国の歴史を彩る社会・政治史と災害・疫病史を通覧しさえすれば、その流れのなかでいつでもこの死者の祟りへの恐怖が第一ヴァイオリンの音色を響かせていたことがわかる。

災害・疫病史と社会・政治史、——この二つの異業種のヒストリーをかたく結びつけていたのが、ほかならぬこの祟りのメカニズムだった。祟りの予兆、祟りの診断、祟りの治療といった一連の社会的なプロセスが、まことに洗練されたかたちでできあがっていったのである。

ちなみにいうと、「祟り」はもともと「タタリ」だった、といったのが折口信夫である。タタリははじめ、神がこの地上にあらわれることを意味した。たとえばそれは、樹木や岩や石に痕跡を残してすばやく世界の背後に退く。一瞬のうちに片鱗《へんりん》を残して姿を消すということだ。空を裂く雷の光、急激に襲ってくる驟雨《しゅうう》なども同類の現象とされた。それがカミ発現の予兆なのだった。

やがて、この「タタリ」が「祟り」へと姿を変えていく。タタリの古典的な現象に異変が起こる。悪意と呪いの気配が濃厚に漂うようになったからだ。

「タタル」に「祟る」という目に見えない意志がかぎ分けられるようになったといっていい。そのように主張したのが、先の折口信夫である。それだけではない。「ノル」（乗る）が「ノロウ」（呪う）へと変化していったのも、この「タタリ」の変容過程と重なる、といっている。

だが、そのタタリから祟りへの変化が、いつ、どのようにして発生したのかについては、折口はかならずしも明確に答えてはいない。なぜそうなったのかということについても、明らかにしてはいない。ここは慎重にならなければならないところであるが、私はその変容のプロセスには、大陸から入ってきた仏教の風が吹きつけていたのではないかと思う。

いってみれば、舶来仏教のニューモード、すなわち密教とともにもたらされた加持祈禱の衝撃力である。その「外圧」を受けて、古代神道的なタタリが、ニューモードとしての祟り現象の衣をまとうようになったのではないか。

祟りと鎮魂

神の示現《じげん》としての「タタリ」は、もともとは神の霊が石磐座《いわくら》や樹木《ひもろぎ》に降臨することだった。それがやがて、特定の人間に神霊が憑依《ひょうい》する、ということになる。そこから、託宣や予言などの行為が発生した。

記紀神話に見られるように、アメノウズメノミコト、ヤマトトトビモモソヒメノミコト、そして神功皇后などが、突然神がかりして狂騒乱舞し、神霊の意思を伝えたのである。このような現象はよくシャーマニズムといわれるが、今日、下北半島のイタコや沖縄のユタなどに伝えられているホトケオロシやカミオロシなどの巫俗も、この「タタリ」現象に属するといっていいだろう。

ところが、この神の霊が人の死霊なども味方にして、いつのまにか災害や危害を加えるシンボルと化すようになった。前述の「祟り」意識の発生である。神の怒りや死者の恨みが浄化されることなく空中を浮遊し、邪霊、鬼霊の衣をまとうようになる。

特に、平安時代になって恐れられるようになる「御霊《ごりょう》」や「物の怪」がそれだ。政治的に非業の死を遂げた人々の怨霊である御霊が、疫病や地震、火災などを引き起こす原因とされた。

たとえば、桓武天皇（第五〇代、七三七〜八〇六）との権力闘争に敗れて憤死した弟の早良親王。彼の怨霊は最大級の御霊として恐れられ、貞観《じょうがん》五年（八六三）、その他の有力な政治怨霊たちとともに京都の神泉苑に祀られた。神霊の怒りや死霊の恨みを鎮める「御霊《ごりょう》会《え》」という魂しずめの儀が、こうしてはじまる。

それと並行するように、物の怪の現象が頻出するようになる。とりわけ、貞和《じょうわ》年間に集中的にそれがあらわれてくるのが印象的だ。一九一ページでも触れたように、『源氏物語』のような文学作品、『栄華物語』のような歴史物語のなかにもそれが色濃く反映している。

これらの場合、物の怪たちの正体がいずれも恨みをのむ特定の人間の生霊《いきりょう》であったり死霊であったりするところが肝心である。それが病気や難産、人の死や災害を引き起こす病原体と意識されていたのだ。宮廷社会という一種の病理空間がもたらした異次元世界、そういってもいいのではないだろうか。

この病理空間にいつでも登場してくるのが密教僧たちであり、彼らによる加持祈禱のパフォーマンスだった。彼らは口に真言《しんごん》や陀羅尼《だらに》を唱え、手に印《いん》を結んで物の怪退散、怨霊排除の儀礼に汗を流したのである。その大がかりな舞台装置を、紫式部は『源氏物語』のなかで生き生きと描いている。

このように、怨霊と物の怪は古代社会における祟り現象の双璧であった。そして、その二つの流れがあたかも一つにより合わされたような形でクライマックスを迎えるのが、何度も述べている菅原道真の事件だったと思う。

ときは醍醐天皇の時代。右大臣にまでのぼりつめた道真は、政敵藤原時平の中傷にあって九州の大宰府に流され、その地で死ぬ。やがて、京都で怪異な事件が発生した。清涼殿への落雷、時平一族の不幸、そして醍醐天皇の死。その一連の社会的、個人的な異変がいずれも道真の怨霊の手になるものだとする噂が立つ。おそらく、身を隠す政敵が放った流言飛語だ。

しかし、それが社会の根幹を揺るがし、政治の中枢にくさびを打ち込む。政治史と災害史が鋭く交錯し、火花を散らす場面といっていいだろう。

すかさず、社会的な防衛体制がしかれる。政治的な対抗儀礼が繰り出される。道真の怨霊を鎮め、これを神として祀り上げるメカニズムが発動する。北野の地に天神として祭祀するたくらみだ。平安時代を通じての最大の祟り霊が、こうして北野天神として祀られ、いつのまにか学芸の神へと変身を遂げていく。最大の祟り霊が反転して強力な守護神に変じ、またたくまに天神信仰の大衆化がはじまる。

その転換を可能にしたのが、密教に発する加持祈禱の威力だったことに注意しなければならない。日本に土着した大乗仏教の、もっともベーシックな儀礼システムである。

もっともこのことは、これまであまり指摘されることがなかった。しかし、加持祈禱は死者を浄化するうえできわめて重要な酵母の役割を果たしてきたのであって、日本文明の個性を探りあてるためにも看過することができない祈りの行為だったと思う。

祟りと鎮魂の相関が、こうして鋭く意識されるようになったのだ。すでに触れたように、そこに閉鎖的な宮廷生活における精神病理的な現象という面がないではなかった。

しかし、仏教信仰が庶民の間に浸透していくうちに、大きな変化が生じた。祟りと鎮魂のメカニズムが、社会の異変や個人の病態を診断し、治療するための一般的で重要な処方の役割を果たすようになったからだ。人知をこえる災害や怨念の渦と化す政治の流れを一挙に解消する方法、と考えられるようになったからである。

とりわけ権力や政治の交替期に、そのことが強く意識されたといっていい。そのようなとき、政治的に非業の死を遂げる人間が大量に発生するからでもあった。それが間髪《かんはつ》を入れず、災害の発生源とみなされるようになった。おもしろいというか、不思議なことにというべきか、このような記憶の伝承が、じつは現在のわれわれの社会にも地下水脈のように流れ入っているのである。本節の主題である、政治的なレベルにおける靖国問題などはまさにそれにあたるだろう。

祟りとルサンチマン

靖国神社への参拝は、表向き祖国のために殉じた戦士たちを神として祀り、その痛苦に満ちた生涯を慰撫する行為とされてきた。しかし、この靖国祭祀の来歴をひとたび歴史の地下水脈に差し戻して見直すとき、彼ら祖国の殉難者たちを祀る側の素顔が別の姿で見えてくるはずだ。

戦争の犠牲者を靖国神社に祀り、その霊を鎮めることで国家の政治的罪悪性を免除し、祟りの発現を未然に防ごうとする意図のことだ。あの密教的な加持祈禱に発する死者浄化のメカニズムが、そこに次第にせり上がってくることがわかるだろう。

もう一つ、これにつけ加えておかなければならないことがある。わが国の民衆宗教に大きなシェアを占める新宗教運動についてである。その多くが、不幸や病気の原因を先祖の霊の祟りであると説明し、その祟りの消除のため先祖供養をすすめてきたからだ。

先祖の供養を怠るとき、それは恐ろしい祟りをなす。供養という言葉のなかに、密教的な加持祈禱の理念が、マイルドなかたちではあるけれども浸出しているといっていいだろう。

そこから透けて見えてくるもの、それはいったい何か。人間の執念や怨念が、凝り固まった呪詛霊《じゅそれい》になる、と考える文化風土のことだ。その作用に感染することで、この世のありとあらゆる異常現象が発生するというわけだ。

それで思い起こされるのが、前述のニーチェのいう「ルサンチマン」という考え方である。先の「呪詛霊」の作用と、「ルサンチマン」のそれが、どこか共鳴音を響かせているように見えるということだ。

だがしかし、ニーチェの「怨恨感情」の行方をたどっていくと、わが平安時代の貴族たちが意図したのとは明らかに異なった世界を志向しているということが直ちにわかる。呪詛霊の結集点が、両者の間ではまるで違うといっていいのである。

というのも、一九三ページでも触れたように、ニーチェの当初のアイデアはもともと原始キリスト教の成立とフランス革命の発生をこのルサンチマンの作用によって説明しようとするものだったからである。

原始キリスト教の「平等主義」とフランス革命における社会の「水平化現象」が、いったいどうして実現可能となったのか、その心理的動機をこのルサンチマンによって説明しようとしたのである。すなわち、逆境にあるもの、虐げられたものたちの反抗の論理、不自由な持たざる弱者たちの強者への復讐《ふくしゅう》の感情がそれである、と考えたのである。

これは、日本列島における祟りの発想の仕方と比べて、まことに好対照をなす考え方ではないか。なぜなら、この国では、人々のルサンチマンは常に共同体内部における社会病理現象として意識されていたからだ。そのため、ニーチェのいうように、弱者の反抗と復讐の反対感情が社会変革の導火線になることがなかった。

それどころか、日本における伝統的な祟りの真意は、その病原体としての祟りをあらかじめ封殺し、沈静化することを目指していた。ルサンチマンの集積が社会変革を招くやもしれぬ芽を、あらかじめ摘み取ってしまう鎮魂の装置をはりめぐらしていた。「革命」へと誘う心理的動機を、呪術的、宗教的にすばやく回収する政治装置をいつも擁していたということだ。

そして、その政治装置に魂を吹き込んだのが、先に触れたように死者浄化のイデオロギーとしての大乗仏教だったのであり、密教的な加持祈禱のシステムであった。

国家と宗教の相性

平安時代は、怨霊、物の怪といったたぐいの言説が星くずのように夜空を彩っていた。それらの予兆は、野心、反逆、惑乱の種子とされ、天変地異と疫病の先触れとみなされた。社会や人心の動向を占う加工された幻想ヴィールスであったといっていい。

それらの病原体は天皇家や貴族たちの館を襲い、都鄙《とひ》の人々のあいだや中央・地方の広大な空間を飛び交い、民衆を恐怖と不安に陥れた。王朝時代の公的な記録や私的な日記類、『源氏物語』や『栄華物語』、絵巻や民間説話などを見れば、そのことは一目瞭然である。

政治と社会にかかわる不穏な動きは、しばしばこれらの怨霊や物の怪の祟りによるとされた。この祟りイデオロギーが、病原体（怨霊、物の怪）の特定と、そこから発生する病理現象（祟り）の診断から成り立っていたことに注意しなければならない。

こうして、その物の怪の勢力を鎮め、怨霊の立ち騒ぎを祀り上げる装置が開発されることになる。たとえば各地における御霊社や鎮めの社《やしろ》の建立であり、その典型が菅原道真の怨霊を祀り上げる北野天神の創始であったことはたびたび述べた。いわゆる祟りと鎮魂のメカニズムがこのようにして成立することになったのである。

密教僧たちはこの祟りをなす諸霊威を祀り鎮める役を果たしたわけだが、彼らは加持祈禱の儀礼によって怨霊鎮魂の仕事を洗練させ、あえていえば神仏の共同体性にもとづく崇り排除の軌道を敷いていった。

この祀り上げの鎮魂システムが、国家に対する反逆を芽のうちに摘み取ってしまうという巧妙な政治的しかけとなっていく。アノミー（混沌状態）に陥った社会秩序に、瞬間的な衝撃を与えて機能回復を図るバランス装置の発見だったといっていい。

憎悪と暴力衝動の不断の蓄積を早い段階で阻止し、内乱の社会化（＝革命）をあらかじめ国家の内部に回収してしまおうとする、政治と宗教の複合運動だった。

その複合運動によって担ぎ上げられた神輿《みこし》が、天皇だった。この神輿は太陽の輝きを背後にいただく宗教的シンボルだったが、その権威の働きを政治的に演出してみせたのが王朝政権であり、その儀礼の体系だった。すでにその段階で、現代日本における「象徴」天皇制の原型ができあがっていた。国家と宗教の相性のよさを空気のような膜で押し包む、高気密のオブラート装置であったといっていい。

たとえば、平安時代における宮中の儀礼をのぞいてみよう。その代表的なものに、「前《ぜん》七日節会《しちにちのせちえ》」と「後《ご》七日御修法《しちにちのみしほ》」というのがあった。前七日節会とは、天皇が元旦におこなう四方拝から、七日の白馬を見る儀式までの七日間の節会をいう。四方拝は伊勢の内宮《ないくう》、外宮《げくう》をはじめ天神地祇《てんじんちぎ》に拝礼することであり、白馬節会《あおうまのせちえ》は邪気を払うため青馬（白馬）を引いてきて天皇がこれを見る儀礼であった。

この正月はじめの七日間におこなわれる前七日節会は神官だけが参加する神事であり、仏教僧は参加しなかった。そこからは仏教儀礼的な要素が一切排除されていたのである。

ところがこれに対し、後七日御修法では、逆に神道的儀礼が排除されて、仏教僧だけが参加しておこなうものだった。内裏の中心部分に建てられた真言院で、天皇のための加持祈禱が密教僧たちによっておこなわれたのである。このシステムを開発したのが空海であったが、そのため神道儀礼と仏教儀礼が正月の最初の一週間（前七日）と次の一週間（後七日）で、別々に執行《しぎょう》されるようになったのである。神仏棲み分けの柔構造といっていいだろう。

これが、明治近代における「神仏分離」の体制とは似て非なるものであったことに注意しなければならない。それというのも、天皇をシンボル的頂点に配して、神事と仏事が棲み分けの体制をとることになったからである。

そしてそれが、平安時代の「平和」を実現するうえで目に見えない重要な役割を果たすようになる。なぜなら、このような「柔構造」は、この時代を通して、やがてさまざまな分野に浸透することになったからだ。

江戸時代の国家と宗教

平安時代の平和についてはいろいろと述べてきたが、それでは江戸時代はどうだったのだろうか。江戸時代の二五〇年の「平和」の問題である。平安時代の三五〇年が安定していたように、江戸時代も二五〇年にわたって安定した時期が続いた。

その重要な理由として、私は先に国家と宗教の相性がよかったということをあげた。社会の秩序を維持するうえで、日本宗教の平和共存の棲み分けの伝統が大いに役立ったのではないかと考えたのである。その点では、平安時代の場合も江戸時代の場合も変わりがないだろうと思っている。それどころか、江戸時代にはそのシステムが、平安時代のとき以上にうまく機能していたのではないだろうか。

一般に、この時代の宗教・社会関係をあらわすキーワードとして知られているのが家であり、死者儀礼であり、墓（地）であった。その三者が結びついて檀家《だんか》制度が生まれ、葬式仏教がかたちづくられた。封建的で遅れた「江戸」時代のシンボルマークである。二五〇年の歳月の流れを平和な社会とみなす代わり、暗黒の闇に塗り込める陰気な道具立てとして取り上げられてきた三点セットである。

だが、そのような常套《じょうとう》的な歴史認識によって曇らされ、まったく無視されてしまった重大な事柄がある。この時代になってはじめて、仏教と神道が「国民」の各層に浸透していったという逸すべからざる事実がそれだ。社会の秩序がそのネットワークによって保たれ、「国家」的結合の心理的な基盤づくりがそれによって進行していったという重要な視点である。

平安時代において神道は、先にも触れたようにややもすれば祟り現象の発生源であったが、江戸時代になると、地域社会を統合する信仰へと発展していった。鎮守の森を中心とする神信仰が広がっていく。それはむろん、地域の共同体レベルにとどまるものではなかった。皇室における伊勢信仰、徳川将軍家における日光東照宮の場合を見ればわかるだろう。皇室や将軍家も、庶民の場合と同じように氏神《うじがみ》や祖先の祀りに精力を費やしたのである。

この時代は、いわれているように士農工商の身分社会だった。タテの階層化が貫かれていたが、しかし氏神や祖先神への信仰によって心の安定を得ようとした点は、どの階層にも共通していた。

換言すれば、階層による信仰内容の分化という現象が、それほど進行していなかったということである。そのことによる一種の連携・連帯の関係が全体として社会秩序の形成に役立っていたことは、特に留意されるべきではないだろうか。しばしば上層エリートの高等（カリスマ）宗教、下層庶民の下等（民族）宗教といったことがいわれるが、このような単純な図式ほど事の本質を見失わせる見方はないだろう。

仏教のほうはどうだったのか。一般に死者は仏式によって葬られ、供養を受けるようになった。この死者追悼の方式が身分や地域の差をこえてほぼ全国的におこなわれるようになったのが、この江戸時代だった。家々と菩提寺《ぼだいじ》が寺檀関係を結んだということが大きい。皇室と京都の泉涌寺《せんにゅうじ》、将軍家と江戸の増上寺《ぞうじょうじ》の関係がそれにあたるだろう。それが大名、武士、そして一般庶民にまで及んだのである。

死者を祀る墓（地）がその菩提寺に属していた点も、身分の上下に関係なく共通していた。タテの階層社会の各層に、ヨコの寺檀関係が普遍的にゆきわたっていたということだ。それが、いわば「国民宗教」的な基盤づくりの一翼を担っていたのである。

失われた神仏共存のシステム

また、この階層社会では独特の職分意識が人々の心に植え込まれていった。武士には武士の職分、農民には農民、町人には町人の職分というものがあった。

職分とは、自覚と誇りにもとづく職業意識といってよい。それは、大名も天皇の場合も例外ではなかった。そういう点では、この職分意識も階層をこえて、当時の人々にほぼ平等に抱かれていたものだった。

それはちょうど、神道の氏神信仰や仏教の死者儀礼が階層をこえて共通の死生観を培っていた社会状況に対応するだろう。それが、先にも述べた「国民宗教」的な信仰基盤をかたちづくっていたのである。われわれはここにも、国家と宗教の相性がよかった特徴を見出すことができる。社会の秩序形成と階層をこえた信仰のあり方が、神話的な関係を取り結んでいたことがわかる。

要するに、国民意識の統合の度合いがきわめて高かったといってもいいのではないだろうか。いや、それがあまりにも高かったからかもしれない。そのため、過度の集団主義へと傾斜を深めていく「国民性」のようなものができあがった。のちに一億総懺悔《ざんげ》、一億総白痴化などと揶揄《やゆ》されるような素地が、そのような歴史的プロセスのなかでつくられるようになったのかもしれない。

以上が、日本の社会を貫いて生き続けてきた「神仏共存」の姿であった。日本の歴史の深層に流れ続けてきた「神仏棲み分け」の地下水脈であった。その柔軟な構造的特質は、これまでの「神仏習合」といった手垢に汚れたイメージや観念によっては、もはやとらえることができないであろう。

そういう見方にもとづいて、ここではその宗教・政治的な柔構造を「神仏共存」「神仏棲み分け」のシステムとして考え直してみようと思ったのである。平安時代の三五〇年、江戸時代の二五〇年の「平和」の意味、すなわち「パクス・ヤポニカ」の来歴を、それを手がかりにして浮き彫りにしようとしたのだといってもいい。その試みは、ここではまだ素描の段階にとどまっているが、ここでさしあたって指摘しておきたいことがある。

それはひと言でいえば、かつての「平和」のパクス・ヤポニカの時代以降、一〇〇〇年の時間を経て維持され続けてきた「神仏共存」のシステムを、明治の近代国家が一刀両断のもとに断ち割り、その息の根を止めようとしたということだ。前述した、「神仏分離」と「政教分離」という上からの二つの政治改革である。

一〇〇〇年の伝統を持つ社会の仕組みがそれによって打ち砕かれ、否定されることになった。国家の深層部に秩序の地下水を注入し続けた精神の原郷に、荒々しい杭が打たれたのである。その衝撃の明治維新から今日までの一四〇年余、近代日本の歩みはその上からの改革の軌道を進んで、今日なおますます加速度を増しているといっていいだろう。

明治国家の過ち

江戸時代まで保たれてきた日本の宗教的風景は、明治維新を経て決定的な変化を遂げた。いま指摘したとおり、問題の根源は明治国家がおこなった二つの宗教政策にあった。「神仏分離」政策と「政教分離」政策である。これをもう少し詳しく、まず「神仏分離」のほうから考えてみることにしよう。

近代以前の日本人の伝統的な信仰は、神と仏を同時に礼拝し、信ずるところに成り立っていた。神仏共存の宗教であり、神仏信仰といってもいいものだった。

しかし、明治国家の神仏分離政策により、人々は神か仏か、そのどちらかを選択しなければならなくなった。「神も仏も」という神仏共存の伝統的な観念が、「神か仏か」という二者択一の新しい理念に取って代わられることになったのである。

その変革が、一〇〇〇年にわたる日本人の信仰のあり方を根底から変えようとする上からの改革であったことに注意しなければならない。むろん現実には、このような神仏分離の理念が神仏共存の伝統観念を完全に覆してしまうほど強力に作用したわけではなかった。そんな「歴史」の破壊が、一片の法令や政策によっておこなわれようはずはないからだ。だがそれにもかかわらず、その「分離」の政策がその後の日本人の内面に与えた精神的外傷は甚大だった。今日われわれは、ややもすればその傷痕の深さを過小評価しがちであるが、それはわれわれが問題の本質の深刻さに気づいていないからにほかならない。

それでは第二の、明治の「政教分離」政策のほうはいったいどのような経過をたどって実行されたのか。まず注意しなければならないのは、それが中途半端な政教分離であったということだ。伊藤博文《いとうひろぶみ》（一八四一～一九〇九）らは、渡欧して諸国の憲法を調査し、ヨーロッパの憲法において、人心を帰一させる機軸としてキリスト教が絶大な力を持っていることを知らされて帰国する。

そして、そのキリスト教に対抗しうる「国家の機軸」を日本において見出すとすれば、それは「皇室」をおいてほかにはないという判断に到達した。

この伊藤博文の判断が、やがて帝国憲法第一条の「大日本帝国ハ万世一系ノ天皇之ヲ統治ス」になって実ったことは周知のとおりだ。彼は、仏教も神道も宗教としての力を失ってしまっていると考えた。国家の基盤を支える精神原理としてすでに時代遅れになっていると結論づけたのである。それはむろん、彼だけの個人的な意見ではなかった。明治国家の建設に参画した開明的な政治家たちの共通の認識だったといってよい。

こうして「万世一系ノ天皇」という国家の機軸が、西欧社会におけるキリスト教の威力に対抗しうるただ一つの精神原理であると考えられ、伝統的な神道儀礼がそれに応じて再編成されることになった。

すなわち、天皇家の神話上の祖神とされるアマテラスオオミカミが近代国家の始祖として拡大解釈され、新たな皇室祭祀が形成されたのである。あえて誤解を恐れずにいえば、アマテラスオオミカミが西欧社会における神（ゴッド）と対比しうる、聖なる権威の源泉とみなされるようになったということだ。

私はそこに、伝統神道のキリスト教化の跡を見ることができるのではないかと思う。これは神道の西欧化であり、神道の一神教化の試みであった。記紀神話において、アマテラスオオミカミは最高神の一つにすぎない存在であったが、それが急激な地位上昇の機運に乗って、唯一至高神の高みに祀り上げられるようになったのである。

しかし、まさにここにおいて大問題が生じた。なぜなら、皇室の万世一系性を国家の機軸に据え、それを神道儀礼に結びつけようとするのは政教分離の原理に反するのではないかという批判が、内外から加えられるようになったからだ。

明治国家は、その近代化の路線を軌道に乗せるため、なんとかこの批判をかわさなければならなかった。

そこで政府がまさに苦肉の策としてつくり上げた対策が、前に述べたように、神道のなかで祭祀儀礼と宗教性を分離するという応急処置を施すことであった。すなわち、神道のなかから冥界信仰、葬儀、民衆教化といった宗教機能を切り離し、神祀りの祭祀儀礼だけを非宗教的機能であると強弁して、その非宗教的機能なるものを国家による直接の管理下に置こうとしたのである。

これを一般には、神道における祭祀と宗教の分離という。いわば国家に直属する神道から宗教色を抜くことで、非宗教的な祭祀と国家の統合は政教一致ではない、したがって政教分離の原則には反しない、という説を立てて、形式的な政教分離を主張したのである。

しかしながら、すでに見たように、これがきわめて不徹底で中途半端な政教分離であったことはいうまでもない。

それはそもそも、キリスト教に対抗しうる強力な精神原理（天皇の万世一系性）を国家の機軸に据えようとしたところに生じた矛盾であったからである。あるいは、明治国家の近代化政策そのものに起因するジレンマであったといってもいいだろう。

そして、この中途半端な政教分離政策のおかげで、日本の神道はしだいに神道そのものの非宗教化という思わぬ果実を手にすることになった。先に述べた神道の一神教化という近代化の政策が、こうして皮肉なことに、ほとんど同時に伝統神道の非宗教化をも促進する結果を招くことになったのである。

「宗教宣言」をしていない神道

以上が、戦前の「国家神道」の成立経過である。見てきたように、国家神道は一面で、神道そのものの一神教化によって生まれた鬼っ子であった。そして他面で、伝統神道の非宗教化によってつくり出された人工的な神道という側面を持っていた。この人工的な神道としての「国家神道」が解体されたのが、昭和二〇年（一九四五）の敗戦のときである。占領軍が財閥の解体とともに、「国家神道」の廃止を決めたのである。

このとき、折口信夫は、日本の神々は敗れたといったが、しかし、このとき日本の神々は単に敗れただけではなく、いったんは死んだのだ。少なくとも国家神道の神々は、文字どおり死んだのであったと私は思う。

その国家神道の解体によって、天皇を神とする思想が否定されたことはいうまでもない。

その結果、周知のように天皇の「人間宣言」が発布された。

次いで国家神道の頂点をなした伊勢神宮も、宗教本来の姿に復帰させられることになった。それまで「非宗教」とされていた伊勢神宮の祭祀に、宗教的機能を取り戻す時期がやって来たといっていいだろう。何より、戦後の政教分離の世論がそのことを強く要請していたのである。

天皇が「人間宣言」をしたように、伊勢神宮も「宗教宣言」をする時代が到来したのである。そしてこれは、いうまでもなく伊勢神宮がもとの伝統的な神道の世界に復帰することを意味したはずだ。言い換えれば、明治に始まった神道の一種の近代化、すなわち天皇＝現人神を頂点とする「一神教化」という路線を脱して、もとの「多神教的」な神道信仰の立場に戻るということだったのである。

ただ、その道筋は、今日疑いないものとして定まっているといえるだろうか。現実の戦後における神道側の対応を見るかぎり、決してそうなってはいないのである。そして何よりも、総理大臣や閣僚の靖国参拝や森喜朗元首相の「神の国」発言のなかに、そのような歴史への関心がきわめて稀薄であることが暴露されているといわなければならない。いったいどうしてそんなことになったのか。

戦後になって、いち早く神道の宗教化の意義を認めたのが、先の折口信夫であった。戦前、神道を宗教として認めなかったこと、および神道と宮廷の結びつきがあまりに深かったこと、それが神道の普遍化を妨げる障害であると彼は主張したのである。日本の神々は敗れた、という先の折口の嘆きには、神道に信仰の情熱を回復しなければならないという強い使命感が脈打っていたと思う。

彼がそのような使命感を抱いた背景には、神道が「祭祀」であって、「宗教」ではないとする考えが国内に広くいき渡っているという事情があった。明治以降、神道を道徳化しようとする伝統が長く続いていたからである。

伊勢神宮は今日、相変わらず神道祭祀の中心であるのか、それともアマテラスオオミカミを豊受大神《とようけのおおかみ》とともに信仰する宗教の殿堂であるのか、「鎮守の森」の信仰に連なる伝統神道であるのか、それともそれとは似て非なる一神教化した人工神道（国家神道）であるのか、その性格が曖昧なまま今日に至っているところに重大な問題が潜んでいる。

その根本の原因は、繰り返して言えば、やはり神道がいまだにはっきりと「宗教宣言」をしていないところにあるのだと思う。戦後、天皇は「人間宣言」をしたが、神道はいまだに「宗教宣言」をしていないのだ。

以前、私は日本列島を三〇〇〇メートル上空から写したビデオを見たことがある。セスナ機をチャーターしてカメラに収めたものだったが、列島は行けども行けども森また森、山また山の連なりであった。その映像のどこにも、稲作農耕社会の痕跡は認められなかった。農業革命や産業革命の進歩の爪あとを発見することはできなかった。三〇〇〇メートルという高度は、まさに縄文文化の原像を眼下に大きく映し出していたのである。もっとも、高度を一〇〇〇メートル、五〇〇メートルと下げていれば、そこに展開する景観はおのずから異なったものに見えただろう。密集する都市があらわれ、田園や耕作地が広がり、開発地域や工場群が視野に入ったことだろう。しかし、三〇〇〇メートル上空からの眺望は、その一切を消し去っていた。高さによって演出された映像のトリックである。

だが、このトリックは、日本列島に展開する歴史の深層が何によって動機づけられているかを一瞬のうちに明らかにしていたのだ。

日本列島の歴史は、周知のように森林の狩猟採集生活から農業社会へと脱皮し、さらに産業社会へと急速な発展を遂げてきた。

その激しい流れは、古代からの山岳や森林、そして海に対する恐れや親愛の感情をしだいに抑圧し、稲作によってはぐくまれてきた神や仏に対する信仰を脇役に押しやっていくプロセスでもあった。目に見えない超自然的なものたちを宇宙の背後に隔離し、目に見える文明の果実だけを主役の座につけてきたのである。

だが、そうした現代の構図が、ここにきて大きく揺らぎはじめているように見える。というのも、日本の社会をきらきらと照らし出してきた都会生活の夢や「成長と繁栄」の神話がほころびを見せ、長い時間の闇のなかを流れ続けてきた不安や狂気や再生願望が鎌首をもたげて、文明という名の主役の座を脅かすようになったからだ。

俗信や迷信としておとしめられてきた民間の信仰や不条理な祈りの声が、かえって強烈なメッセージをわれわれの胸もとに送り届けるようになったのである。

縄文以来の「鎮守の森」が騒ぎ出しているのではないだろうか。この日本列島に自然の秩序をつくり、人々の心に平安をもたらしてきた森のカミたちが嘆きの声をあげ、悲痛の叫びをあげはじめているのではないか。

第四章
危機に立つ平成天皇制

秋深まる京都で考えた「天皇家の危機」

岩井克己×山折哲雄

岩井　山折さんは小泉内閣の「皇室典範に関する有識者会議」の識者ヒアリングで意見を述べられました。いま野田政権（当時）は、皇族の減少対策として女性皇族に結婚後も皇室を支えてもらう方策を検討しています。どう見ておられますか。

山折　前回も今回も、天皇家の跡継ぎの問題を巡って個別の各論ばかり話している印象で、非常に寂しいというか物足りなく感じますね。

岩井　取りあえず女の子が次々に出ていくのだけは何とかせねばと、問題を絞りましたからね。前回の有識者会議は、本丸の「皇統」の問題に触れて国論の分裂を招いたので、羹《あつもの》に懲りて膾《なます》を吹く状態なのでしょう。

山折　そこをいくらつついても、問題解決の本筋は出てこないと思いますよ。いま日本は国内的にも対外的にも危機的な状況に陥っています。加えて昨年（二〇一一年）の大震災もあった。これからの日本をどうしていくのか、一〇〇〇年のスパンで歴史を振り返り、国づくりの基本をどう定めていくか本気で考えねばならないのに、国民もメディアも皇室内部の問題だととらえている気がしてなりません。

岩井　国民の意見が分かれる問題で、政治家にとって票は減りこそすれ増えませんからね。小選挙区制導入以来、選挙で頭がいっぱいで、ひと昔前みたいに皇室の問題を真剣に考えるだけの余裕もなくなっていますしね。

山折　これからの天皇制を考える上で、大きな問題は二つあります。一つは戦後民主主義と天皇制の関係を、この先どう考えるのか。戦後間もないころは、両者は矛盾・対立するものだと考えられていたが、六〇年を経て調和する関係になってきた。ところが、そうなってくると今度は、皇室の宮中祭祀を含む「象徴家族」の側面と、民主主義的な「近代家族」の側面とが矛盾し始めた。これをどうやって調和させるのか。これが、もう一つの問題点です。

岩井　象徴家族と近代家族の矛盾というのはおっしゃるとおりです。ただ、憲法上の象徴天皇というのは、国家機関として国事行為を、また公的存在として公務を果たす役割です。一方で天皇家には、憲法には書かれていない伝統保持を期待される側面もある。この評価に踏み込むと、戦前のような神道原理主義は二度と復活させてはならないという人と、それこそが天皇の本質であり伝統だという人とが対立してイデオロギー闘争になってしまう。本当は、天皇家は歴史的には神道一辺倒ではなく、仏教や儒教、道教などの要素ものみ込んできた、おおらかで懐が深い、ソフトな存在なんですけどね。

山折　神道も本来は、天地万物に神が宿るという多神教的な世界です。それを一神教化したのは明治政府。西欧のキリスト教近代国家のように、精神的な機軸をつくらなければならない、伝統的な神道や仏教ではダメだと考えた末に創り出されたのが、万世一系の天皇を中心に神道を一神教化する試みだったと思います。

岩井　それで昭和の無謀な戦争で亡国の淵まで行った。戦後、かつての文化や伝統は民主主義にふさわしくない、自然や祖先とのつながりがない近代的個人こそが正しいのだとなったが、一方で天皇が生き残って戦前の「伝統」も一部残存したが故に、皇室改革を議論すると激しい対立を呼んでしまう。

山折　東京という都市は一極集中し、一神教化していますよね。皇居の周りをひと回りしても何もなくて、中心を見るようにできている。その点、京都御所の周りにはいろんな神仏が祀られていて、多神教的な世界が構成されています。だから私は以前から「天皇さん、京都にお帰りになったらどうですか」と提案しているんです。京都府なども双京構想というのを出して、天皇さんは無理でも秋篠宮家に京都にお移りいただいたらどうか、と提案しています。日本全体の政治や経済が一神教化している構造を、多元的・多神教的な構造に置き換えてみる工夫が必要ではないでしょうか。

政治家が顧みるのはせいぜい「維新」まで

岩井　近年は古事記編纂一三〇〇年、平城京遷都一三〇〇年、源氏物語一〇〇〇年にあたり、貞観地震以来一千余年ぶりの大震災も起きた。東京など都市の人間も近現代だけを見るのではなく、長い歴史の道のりをたどって共同体や社会のあり方を本気で考え直すべき時期に来ているのでしょうね。

山折　岩井さんの本を読んで感銘を受けたのですが、いまの天皇さんは、疫病の流行や飢饉に当たって、民生の安定を祈念した嵯峨天皇以来の写経の精神が、ご自分がよって立つべき世界だと言われ、京都では大覚寺で後奈良天皇の写経などにも接してこられたそうですね。

岩井　ええ。天皇は皇太子として生まれ育つ中で、歴史を自分の父祖たちの営みとして学ぶという形で視野を広げておられるなと感じます。天皇としての責務にも国民にも誠実な生き方を考える「帝学《みかど》」でしょうね。

山折　それに対して、いまの政治家は歴史を振り返るときに、せいぜい「維新」まで。団塊の世代以降の政治はそうなったのかと情けない思いです。

岩井　すみません。団塊の世代で（笑い）。僕も皇室を担当していなければ、皇室はあまり出しゃばらないでくれたらいい、くらいにしか考えなかったと思うんですよ。宮中祭祀の行方にも関心を持たなかっただろうし。だけど、お堀の中から外界を見ていると、大事なことなんだろうという思いになってくる。

山折　存外、若いアニメ世代は宮中祭祀に関心を持つかもしれないですよ。（笑い）

岩井　僕も山折さんが指摘しておられる中で気になった点があります。明治の初めまでは、皇室のお正月の行事として仏教儀式である後七日《ごしちにち》の御修法《みしほ》をやられていた、と。空海が宮中に真言院を設立し、皇室の年中行事には仏教の伝統も色濃かったと聞くと、みんな驚くわけですよ。

山折　平安初期の最澄、空海時代からですね。宮中祭祀で正月の第一週は、前七日の節会《せちえ》（朝廷で行われる節日《せちにち》、公事《くじ》の日の宴会）として、四方拝から始まる神道祭祀をやる。

岩井　それでパッと切り替えて。

山折　次の一週間は仏教儀礼である後七日の御修法を行う。うまいこと考えたもんですね。神道と仏教の儀礼を正月の初めに行い、天皇や国民の安寧を祈るわけですから。このシステムが定着し明治の初めまで続くわけです。

岩井　明治の廃仏で宮中祭祀から仏教色は切り捨てられ、御修法は東寺で引き継いでますが、代わる天皇の祭祀として、邇々芸命《にに　にぎのみこと》が高千穂峰《たかちほのみね》にくだった天孫降臨の記念日と称して一月三日に元始祭《げんしさい》を始めた。戦後は新しい憲法の下で皇室の宗教的祭儀は私事と位置づけられ、神武天皇の即位日と称された紀元節祭は廃止されたものの、元始祭などは残りました。こうした宮中祭儀は、どこまで守る必要があるのかといった議論は素直にやればいいじゃないかと思うんですよ。

山折　「保守」の意味を考える必要がありますね。伝統文化と一口にいうけれど、不易流行という言葉があるように絶えず変化を加えながら良きもの、伝統を後世に伝えてゆく正統的な保守のあり方を考えなければならない。それを考える上で、天皇、あるいは天皇制の問題は魅力的なテーマだと思います。

岩井　最近、皇室はなかなかだなと思ったのは、自らの葬儀について、天皇のほうから火葬でやってもらいたいと言われたことです。天皇・皇后以外の皇族の葬儀は一九五三年に亡くなった秩父宮以降、みな火葬になっています。そうした状況を踏まえ、長引く不況や昨年の大震災で国民が苦しんでいるなか、薄葬を望む自然な気持ちをスッとお出しになった。

山折　そうでしたね。

岩井　考えようによっては大変な革新ですよ。だって、昭和から平成への代替わりのときには、戦後廃止された旧皇室喪儀令や旧陵墓令のとおりに、古代の古墳のような巨大な天皇陵を造って昭和天皇を土葬したわけです。一〇〇億円近いお金をかけ、一九〇〇本もの自然林を伐採してね。いまの天皇陛下は、そうしたことは心苦しいと素直におっしゃる。

昭和天皇の副葬品は「人間天皇」そのもの

山折　天皇さんの口から言われないと動きようがないということもありますから、その点では大変なご英断だったと思います。

岩井　武蔵野陵《むさしののみささぎ》は、外見は古代の古墳です。古代古墳の副葬品は元首の権力・権威を示す武器や馬具、宝物などですが、昭和天皇の副葬品は全く違う。私はたまたま非公表のリストを拝見したのですが、大勲位の勲章や宮中祭儀で着用した黄櫨染御袍《こうろぜんのごほう》のほかは寝具や食器、背広やパナマ帽、ネクタイなどの衣類、ディズニーの腕時計やお好きだった相撲のビデオ、ご自身の生物学の著作、顕微鏡といったものでした。古代の権力者のような巨大墳墓を造りながら、中身の副葬品は「人間天皇」そのもの。やっぱり相当のズレが出てきているなあと思いました。

山折　そうだったんですか。

岩井　そうしたら天皇陛下が薄葬をおっしゃった。皇后さまはますます控えめに合葬すらもったいないとおっしゃる。明治時代の大げさな「伝統」装置の心臓部のひとつが変わる。この一歩は、皇室のあり方全体を議論するきっかけになるかもしれません。

山折　時代もそれを許したんでしょうね。高齢化社会となって、多くの日本人が病や老いの問題に直面し困惑する中で、どう最期を迎えたらいいかと自然にお考えになったのだと思います。となると、やはり保守の意味を考える必要がありますね。

岩井　皇室が大事だとおっしゃる方は、伝統、伝統とお題目のように唱えるのではなく、どこがどう大事なのか、逆に言えば皇室の側にどれほど窮屈でつらい重荷を背負わせているか、そのつらさも想像できるような議論をしていただきたい。土地柄なのか、京都の学者の先生方は、けっこう柔軟な議論をしておられるのですが、東京の方は学界も政界も官界も実りのある議論が少ないように思います。

山折　天皇制は時代によって柔軟に変化してきているのに、東京の議論は法律一点張りで、文化の根っこに迫りながら話を展開していく発想が乏しいですよね。

岩井　皇室制度が曲がり角を迎えているとすれば、明治から大正にかけて帝室制度に関して調査局や審議会が儀式立てを練り上げたように、各分野の最高の頭脳が相当の時間をかけて、新しい象徴天皇の儀式や運用のあり方を議論してもらおう、という声が国民の側からあってもいいんじゃないかと。

山折　そういうことは参議院がやるべきなんですよ。

岩井　あっ、なるほど。

山折　全くサボっているわけでしょ。

岩井　皇室の将来像に話を移しましょう。皇太子ご夫妻を見ていると、先ほど山折さんが言われた象徴家族と近代家族の矛盾というか裂け目に苦しんでおられるようにみえますね。

山折　これを放っておくと、日本の皇室は英王室に近づいていくと思います。プライベートな世界が暴露され、スキャンダルばかりが注目を集め、王室そのものの存続を脅かしていくというようにね。非常に危険な状況だと思います。象徴家族というものは、対外的にも対内的にも日本の国家の窓の役割を果たすわけですから、最小限の儀礼や祭祀は残す、たとえば新年に国民と対面し手を振って公式の挨拶をする、といったようなことは必要でしょう。けれども一方ではプライベートな近代家族の側面にわたる情報はできるだけ抑え、過度に表に出さないという配慮はやはり欠かせないのではありませんか。

「皇族さん、いつでも京都にお帰りやす」

岩井　しかし、メディアの側としては、人間的な部分を伝える、時には問題点や批判を提起していくのも一つの役割だと思いますけど。皇太子ご夫妻の場合は、象徴家族の領域に対する皇太子妃殿下の適応障害というものが非常に深刻ですね。近代的な核家族の姿にとどまっていて、土俵にさえ乗っておられない状態にみえる。

山折　天皇だって人間です。かつての天皇さんには、暴力を振るう人も、戦争をしかける人もいた。これからも、良き天皇もそうでない天皇も、いろんな性格の天皇が登場してくることはあるわけですよ、人間であるわけだから。そういう点はいつも前提にしておかなければいけないと思いますよ。僕は何とかお二人の窮状をお救いできないものかと思っている。お二人への情というものが、いまの日本の社会からはあまり感じられないんですね。甘いかもしれませんが、苦境を乗り越えるために必要なのは周囲からの寛容の精神と愛情だと思います。

岩井　救うというのは変わってもらうということなんでしょうが、皇室のありようを変え、環境を変えるのか、あるいはご本人に変わってもらうのか。救うために、そこから解放して差し上げるべきだという議論も出ています。

山折　離婚の問題ですか？　私はみだりに離婚はしてほしくないと思います。皇太子は結婚のときに、一切の責任を負うと宣言されたわけですから。必要なのは、皇太子ご夫妻をサポートする制度と人間的配慮ということになるのではないですか。

岩井　なるほど。

山折　明治以降、天皇の傍にはいつもその生き方やお立場を支える人間の存在があった。若い明治天皇の側近に西郷隆盛、少年期の昭和天皇には乃木希典。いまの天皇陛下にも小泉信三というすぐれた教育掛がいて、その時代の、状況とのあいだに橋をかける役割を果たしていました。しかし、現在の皇太子さんや雅子さんには、そういった存在がどうもみられない。

岩井　皇太子ご夫妻は孤独ですよね。アトム（核家族）的な夫婦というか。

山折　僕は、皇太子さんは第二の人生を模索されてもいいんじゃないかと思っているんです。

岩井　第二、とは？

山折　退位宣言ですよ。結婚のために王位と祖国を捨ててフランスに移り住んだ英国のウィンザー公という例があります。何もそれにならう、ということではないのですけれども、ご自分は文化・芸術の世界に行くよ、と宣言して楽隠居する、そして第三の人生を歩む、そういうことがあってもいい。そうなれば、支えてくれる人間はたくさん出てきますよ。例えば細川護熙さんのような人とかね。

岩井　細川さん、今頃くしゃみをしてるんじゃないですか（笑い）。それなら、皇太子ご夫妻に京都に来てもらうというのはどうですか。

山折　京都の奥深い文化をぜひとも体験していただきたいですね。そうすれば深い心の癒やしにつながるし。人間いかに生きるという展望も開けてくる、こちらのほうがよほど大事ですよ。皇室にとどまるかとどまらないかという問題よりも。お二人の人気も高まるかもしれませんね。

私はなぜ皇太子ご退位論を書いたのか

保阪正康×山折哲雄

お二人への冷たい眼差しは日本社会の不安の裏返しではないか

保阪　二月に山折さんが発表した論考「皇太子殿下、ご退位なさいませ」（「新潮45」二〇一三年三月号）は、そのタイトルの激しさもあって、話題を呼びました。山折さんご自身には、どんな反響が寄せられていますか。

山折　編集部のつけたタイトルが刺激的だったせいか、新聞に雑誌の広告が掲載されると、その日のうちから、いろいろな方々にご心配の言葉をいただきました。その点は感謝しているのですが、ただ記事を読んでいただければ、みなさん納得してくれて、それほど大きな問題にはならないだろうと思ってはいました。

保阪　いや、非常に踏み込んだ問題提起だったと思います。皇太子が皇位継承権を放棄するという事態は、少なくとも近代には例がありません。しかも皇室典範の改正も必要となる。いわば近代皇室のあり方を根本から考え直そうという真摯な問題意識を、私は感じました。

山折　少し意外だったのは、提言の内容より、皇室を正面から議論すること自体への懸念というか、批判が多かったことです。右から左から、世代の新旧を問わず、「お前、ちょっと踏み込み過ぎではないか」というニュアンスの批判が多かったように思いますね。好意的に読んでくれた方でも、「よくまあ、ここまで書いたな」という。皇室はいまだにうっすらとしたタブーの対象なのだと改めて感じました。

保阪　あえて「退位」に言及するにあたって、山折さんには、現在の皇室に対して相当の危機意識があったのではないかと思うのですが。

山折　私があの論考を書いた理由はじつに単純なもので、つらいお立場にいらっしゃる皇太子殿下を、どうにかしてお助けできないかと思ったのです。殿下は雅子妃とご結婚されるときに、「僕が一生、全力でお守りします」と言われた。次の天皇となる存在が、個人としての強い思いを表明する。これは、これまでになかった。いわば皇太子の「人間宣言」だったと思います。この率直でさわやかな言葉は国民の心を打ったと思います。日本の皇室、天皇制は新しい段階に入ったのだなと、このとき私は思いました。

ところが雅子妃がご病気になり、一〇年治療しても治らない。宮中祭祀も含めて、公の職務を果たすこともままならない。これでは皇太子としての出発地点が揺らぎかねない。そう申し上げてもいいでしょう。

保阪　なるほど。

山折　こうした状況のなか、このまま皇太子が天皇に即位することは、ご本人のためにもならないし、国のためにもならないのではないか。そこで、「ご家族三人、京都で過ごすという人生もありますよ」という選択肢を提示したわけです。皇太子さまにも、ご自分の人生を考えてみる権利はあるだろう、と。実際に退位に踏み切られるかどうかは別問題として、おそらく国民の多くに共感され、賛同されるアイディアだと確信していました。

保阪　たしかに長い歴史をみると、政治的情勢などにより皇太子が替わったり天皇が位から退くケースも少なくありません。しかし天皇の地位が政治に利用されるのを防ぐため、今の皇室典範のように、あらかじめ皇位継承順位を決めるという仕組みを作ったのは歴史の智恵ではありませんか。さらに言えば、天皇とは「やりたいからやる。やりたくないから辞める」というものではないのでは、とも思いますが。

山折　そこで重要なのが帝王教育ということになりませんか。人格を陶冶し、自分の使命、責任を自覚して、困難な役割を進んで引き受ける、そのことが、国民のあいだで将来の天皇には望まれていると私は感じていました。もしも皇太子が自らの判断で皇位に就く、あるいは条件が整わないときには潔く譲る、という決断が実現すれば、それは後世に新しい模範を残すことにもつながるのではないか。たとえば自ら王位を捨てたイギリスのエドワード八世や、〝未完の天皇〟として目覚ましい統治を行った聖徳太子のように。
私はそう考えています。

お二人への情が感じられない

保阪　とはいえ、万が一、皇太子が皇位継承権を放棄するような事態になってしまえば、いま以上に皇室は深刻な状況に陥ることになると思えます。

一方で、何も皇太子は現天皇・皇后のあり方をそのままコピーする必要はないとの考えもあります。たとえば、両陛下がそろって多くの公務を行うスタイルはいわば〝平成流〟であって、皇太子が単独で公務などを行い、雅子妃は療養を第一とする「おひとり公務」を続けることは可能ではないか。そう考えて、「文藝春秋」の前号（二〇一三年五月号）で「皇太子おひとりご公務の研究」を書きました。

山折　ええ。その点は私も理解しています。しかし、あえて退位に触れたのは、厳しい状況におかれている皇太子殿下の心境を忖度《そんたく》したからです。

いま国民やメディアは、苦境にたつ皇太子夫妻に対して、必ずしも温かい眼差しを向けているわけではありません。いつしか日本社会がお二人に対して非寛容になり、最終的には突き放す姿勢になってしまうかもしれない。そんな危惧を抱いているのです。

保阪　この四月に、ある女性週刊誌で、東京駅からスキー旅行に向かう皇太子ご一家に対して、初老の男性が、「税金泥棒」とか「皇室から出ていけ」と叫んだという記事が報じられましたね。もちろん、これはごく一部の極端な振舞いに過ぎない。しかし、お二人が天皇・皇后になられると、こうした過剰な反応が、いま以上に表面化するおそれは確かにあります。

皇太子夫妻がオランダ国王の即位式に出席した件でも、「どうして国内の公務や宮中祭祀ができない病状なのに、海外での活動なら大丈夫なのか」といった批判が出てくる。しかも、そうした声から、宮内庁が皇太子夫妻を守るのかといえば、そうも思えない。逆に出席の決定が遅れているというので、「回答すべき期限も大幅に過ぎている。一刻も早くお決めいただきたい」と、宮内庁長官が公に〝苦言〟を表明した、といった奇妙な事態も起きました。

山折　皇太子ご夫妻はまさに孤立しているかのように見えます。いまの日本の社会から、お二人への情が感じられないことに、私は強い危機感を抱いています。というのは、私にはそれがいまの日本を覆う、冷たく殺伐とした雰囲気と重なって感じられるからです。東日本大震災や原発事故、緊迫する尖閣問題や、朝鮮半島情勢。内を向いても外を見ても、先が見通せない。こうした不安が、皇室の危機と通底しているように思えてなりません。

保阪　皇室が日本社会を映し出す鏡の役割を果たしているわけですね。

宮中祭祀にひそむもの

山折　日本の歴史を見ると、長きにわたる平和な時代が二度あったことがわかります。まず平安時代の三百五十年間。次が江戸時代の二百五十年間です。これは驚くべきことです。

では、なぜこうした長期的な平和が現出したのか。政治的、経済的条件や四方を海で囲まれているという地政学的な条件などもあったと思いますが、最大の要因は〝権威〟と〝権力〟が分立し、互いの調和が取れていたからではないか。つまり宗教的・文化的な権威を体現する皇室と、藤原氏や徳川幕府といった政治権力とが互いに補完し、時に牽制しながら社会を安定させていたのではないかと私は考えています。

保阪　たしかに世界史を見ても、社会が大きく乱れるのは政治権力と宗教が激しく争ったときですね。

山折　平安期、江戸期のもうひとつの特徴は、大規模な宗教戦争が起きていないことです。日本でも戦国時代は一向一揆など宗教戦争が頻発していましたが、江戸初期の島原・天草の乱を最後にして、二百年以上の安定が続きました。この理由を考察する上で、日本特有の「神仏習合」という宗教システムを外すことはできません。仏教という外来の宗教と、神道という土着の信仰が共存する。その安定した神輿の上に乗り、両者のバランスを取る役割を果たしたのが天皇の存在だったと思うのです。

保阪　いわば「調停者」「調整者」としての天皇ですね。

山折　そうです。かつて正月に行われていた宮中祭祀を見ると、この共存関係が見事にシステム化されているのがわかります。まず正月の第一週に「前七日の節会《せちえ》」として四方拝からはじまる神道祭祀を神職が執行する。それが切り替わって、次の週には仏教僧が「後七日の御修法《みしほ》」を執り行う。これが平安時代の最澄・空海の時代から明治にいたるまで続いていたのです。

また京都には泉涌寺《せんにゅうじ》という天皇家の菩提寺があります。じつは天武天皇から孝明天皇までの千二百年間、朝廷では仏式の葬儀が行われていました。現在も泉涌寺には歴代の天皇皇后の位牌がならび、仏教式の祭祀が行われています。

保阪　泉涌寺を護る会の現総裁は、秋篠宮ですね。京都を訪問するたびに立ち寄っているとか。

山折　ええ。天皇皇后両陛下も、お忍びでたびたびお出でになります。このことが示すように、本来、皇室は多神教的で、懐の深い存在でした。

このバランスが崩れたのが、明治維新でした。明治政府は西欧キリスト教国家に対抗するため、日本でも精神的な基軸となるものをつくろうとしました。そのために万世一系の天皇を中心に据え、神仏分離で仏教を排除して、天皇を一神教化しようとしました。その帰結が戦前の国家神道です。

さらに戦後は政教分離によって、大嘗祭《だいじょうさい》などの重要な祭祀が、天皇家のプライベートな領域、私事に追いやられてしまった。こうした流れの中で、皇室の宗教的・文化的なありようが狭められ、重心となっていたはずの機能を失っている。私はここにいまの皇室の危機の淵源があると思う。なぜなら皇室の本質とは何かを突き詰めて考えていくと、どうしても古代からの祭祀という宗教的伝統にいきつくからです。

保阪 そこが山折さんの天皇論の核心部分ですね。

山折 私は小泉首相の時に設置された「皇室典範に関する有識者会議」でも、天皇を天皇たらしめるのは、「祭祀による天皇霊の継承」というフィクショナルな原理にほかならないと申しました。だから本来、その継承者は血統の原理には基づきますが、その本質においてはかならずしも性別を問うものではない。大嘗祭をきちんと執り行い、それに基づく継承が為される限り、女性天皇でも女系天皇でも構わない、と申し上げました。

保阪 山折さんは、皇室のあり方を「象徴家族」と「近代家族」に分けて論じていますが、「象徴家族」とはそうした古代からの祭祀を受け継ぐ側面と考えていいのでしょうか。

山折 結構です。さらに、同時にそれは、対外的にも、国内的にも日本の国のあり方を象徴する役割を担うという意味も含めています。それに対して「近代家族」とは文字通り、近代的な家族の姿ですね。

保阪　もともと皇室は、西洋的な風俗や教養をいち早く取り入れるなど、非常に近代化への志向が強いという一面を持っています。家族に関しても、昭和天皇自身が側室を廃止したり、自分たちの手で子育てをする方向に宮中改革を進めていました。

そうした「近代家族」の側面が、戦後の日本社会にとてもマッチしたわけですね。そのシンボルが、美智子妃だったことは言うまでもありません。

山折　私は、皇室が戦後に「近代家族」のあり方を前面に押し出したのは、価値観の転換期における窮余の一策だったと思います。

保阪　「近代家族」において最も重視されるのは、「両性の合意のみに基づいて成立」する夫と妻の関係なのですね。世代を超えた永続的な継承を原理とする皇室とは、本質的に対立する面があります。

山折　だからこそ、「象徴家族」と「近代家族」の調和を取ることが、皇室にとってはとても重要なテーマとなりました。そのことを強く自覚なさっているのが現天皇で、祭祀へのご精励もここからきているのでしょう。また文化的伝統の継承も重要です。現皇后があれだけ国民に支持されているのは、公務等への献身的な取り組みもさることながら、和歌の力も大きいと思います。

繰り返しになるようですが、「象徴家族」として宮中祭祀を担うことにより、皇室の正統性は保たれてきました。その祭祀をどうしても担えないのであれば、やはり正統性を主張することは難しくなるでしょう。それでもなお「象徴家族」であらねばならない重圧によって、「近代家族」としての人生もまっとうできないのであれば、あまりにもお気の毒です。

大正と明治の落差

保阪　私も、望ましい皇室のあり方を考える上で、近代皇室を冷静に検証する必要があると考えています。山折さんが宗教的な観点から分析されたので、政治的な側面を見ていきたい。

江戸時代において、皇室は政治権力とは距離を置いた存在になっていました。それが、極度に政治的な存在となったのは幕末期からです。

明治維新の原動力となった薩長の志士は、幕府と対抗する権威として、天皇を前面に引き出します。彼らにとって、天皇は政治的な「道具」となった。それは彼ら志士たちが、天皇を「玉《ぎょく》」と呼んでいたことが、端的にあらわしています。明治維新とは、幕府と薩長の「玉」の取り合いでもあった。

山折　そうですね。それがさらに顕著になったのは、天皇を京都から東京に連れ去ったことです。

保阪　まさにこれによって、明治新政府の権力を国民に認めさせました。そして、政治的空間と宗教的・文化的な空間が一元化されてしまった。

山折　ただ、明治の元勲たちにはまだ、日本の伝統的な価値観に裏打ちされた教養があった。だから、天皇を利用し、自らの権力の下に置きながらも、天皇の体現する伝統に対して、おのずと一定の自制が働いたのです。

それが、世代が変わっていくと、天皇観も変わってくる。その転機をいみじくも象徴的な形であらわしていたのが、乃木希典大将の殉職でしょう。明治天皇が亡くなり、乃木はその後を追って自刃する。それに森鷗外や夏目漱石といった明治の文豪は激しく反応します。漱石は『こころ』で乃木の殉死を取り上げ、鷗外は殉死をテーマに『興津弥五右衛門の遺書』『阿部一族』を書きあげる。

それに対し、当時まだ二十代、明治十六年生まれの志賀直哉は日記にこう書いています。〈「馬鹿な奴だ」といふ気が、丁度下女かなにかが無考へに何かした時感ずる心持と同じやうな感じ方で感じられた〉と。世代の差、天皇観の違いがここに如実にあらわれている。

保阪　志賀のこうした気分は、彼だけのものではなく、彼ら上流階級の若者に少なからず共有されたものだったと思います。近代的な個人主義、前の世代の心情に対する冷淡なまでの距離感、そして天皇との距離が近いことによる一種の扱いの軽さ——。

山折　そもそも白樺派は学習院の子弟を中心としたグループでしたからね。志賀も初等科から高等科まで学習院に通っていた。

保阪　いまのお話で私が連想したのは、近衛文麿です。五摂家出身の近衛は、昭和天皇より十歳上だったこともあり、上奏の際にも、椅子に腰かけ足を組んでいた、という逸話がありますが、そうした振舞いが、天皇の権威を低下させるという意識に欠けている。

昭和の初期になると、軍部が台頭し、一部の軍人たちは維新の志士気取りもあって、天皇のことを「玉」と呼ぶようになります。

山折　政治権力が権威を尊重しなくなると、社会のバランスは大きく崩れます。最近の例でいえば、民主党政権の時、天皇と習近平の会見が強引に設定されたことがありましたが、あれも明治以来の政治利用ですよ。

保阪　先ほど山折さんから、皇室の危機と社会の乱れが重なって見える、というお話がありましたが、それで思い出したのが、大正末期の軍部と天皇の関係です。このころ軍人の地位が非常に低下して、電車に乗っても悪口を言われたり、軍縮で大量に予備役に追いやられたりと、肩身の狭い思いをしている。見逃せないのは、この時期、天皇と軍隊の紐帯《ちゅうたい》が弱まっていることです。

山折　興味深いですね。

保阪　大元帥としての風格を身につけていた明治天皇に比べ、大正天皇は肉体的に頑健ではなく、乗馬なども苦手だったと伝えられています。陸軍の総元締め、山県有朋などは文弱な大正天皇を冷たく見ていました。特に皇太子の裕仁親王（昭和天皇）が摂政に就任した大正十年から大正の終わりまでは、天皇が存在しているけど、存在していないような不思議な権力空間があらわれます。

私は昭和になって軍部が暴走を始める背景には、大正末期に彼らが直面した社会的冷遇も一因だったのではないかと考えます。つまり、軍事と政治、経済のバランスがどこかで崩れてしまった。そのとき、軍部にとって「天皇の軍隊」であることは重要な心理的なより所になったはずですが、軍人としての天皇への失望が募るなかで、その忠誠心がうまく機能しなくなった。

山折　それだけ天皇のあり様が、社会に大きな影響を与えたわけですね。

皇太子ご一家は京都へ

保阪　先ほども触れましたが、山折さんは、皇太子が退位したら、一家で京都にお住まいになればいい、とお書きになっていますね。

山折　ええ。天皇家の父祖の地であり、なだらかな山に囲まれた美しい都に居を移せば、雅子妃の病状も回復に向かうと思いますよ。

保阪　実は私も、皇太子は京都に住まうべきだ、というのが年来の持論なのです。もちろん退位論ではなく、あくまでも皇太子として、ですが。

すでに申し上げたように、明治になって天皇が東京に移ることで、「権力（政治・経済）」と「権威（文化・伝統）」とが一元化されてしまった。いま問題になっている東京への一極集中の原点もここにあります。

大政奉還の後には「西京と東京をつくり、日本の分裂を防ぐ」というプランが、江藤新平らによって唱えられていました。これが採用されていたら、まったく別の近代日本、別の近代皇室の姿がありえたでしょう。

山折　まったく同感です。昨年（二〇一二年）の三月、京都の産官学のトップたちが、皇族の一部が京都へ移り、儀式の一部も京都で行うという「双京構想」を提言しました。

皇太子ご一家に、京都をお勧めしたいのは、いまの皇居があまりにも一般の人々と隔絶されているからです。四囲にお堀が巡らされ、いかめしい門が立ちはだかる。周りには人々の暮らしを感じさせるもの、歴史の営みを色濃くしているものも乏しい。

それに対して、京都の人たちは、皇室との心理的な距離が近い。梅棹忠夫さんも言っていましたが、京都人の一般的な感覚として、「天皇さまは、われわれと地続きの場所にお住まいになっている」という受けとり方がある。

平安の昔は、正規に造られた内裏とは別に、「里内裏」というものがありました。これは火事などの災害に備えて、藤原氏のような皇后の縁者の邸宅に設けられたもので、昔の天皇は内裏と里内裏を行き来していました。京都市内には、この里内裏がいくつもあった。そもそも、いまの京都御所もそうした里内裏のひとつでした。つまり天皇さんの隣人だった人が大勢いたわけです。

保阪　私も大学時代を京都で過ごしましたが、いまも京都に流れる悠久の時間に触れると落ち着きます。国事行為などを行う天皇は東京に、次代を担う皇太子は京都にあって、日本の伝統と歴史を身につけるべきだ、というのが私の意見です。

天皇が切り札になるとき

山折　諸外国の日本研究者と話していると、しばしば聞かれる質問があります。それは「日本にはなぜいまだに天皇がいるのか?」。彼らに言わせると、「いまの日本は民主主義が非常にうまく機能している。だから天皇制はなくてもいいのではないか?」というわけです。私は彼らにこう答えることにしています。「フランス革命でも、ロシア革命でも、どれだけの血が流れたか。天皇の下で繁栄し、民主制を実現している日本にそんなリスクを取るだけのメリットがどこにあるのか」と。

しかし、現在の世界を見ていると、この問いは、新たな別の意味で重要になっているように思えます。

現在、世界的にデモクラシーが機能不全を起こしているケースがたくさんあります。たとえばＥＵの金融危機でも、放漫財政を引き締めなければ共倒れになるのに、国民が強く反発して、身動きが取れなくなったことがありました。そうした状況に陥ったときに、天皇制のような統治システムは何かポジティブな役割を発信することができるのではないか。そうした議論も深めなくてはならないと思います。

保阪　同感です。日本の歴史を見ていくと、政治抗争、権力闘争がいよいよ行きづまったとき、天皇の存在が最終の打開策となり、疲弊しバラバラになってしまった国民の統合の切り札となるケースにしばしば出会いますね。

山折　まさに明治維新がそうでしょう。先ほどは薩長による政治利用として論じられましたが、歴史の見方はひとつだけではありません。逆に言えば、国内で深刻な対立が起きたとき、その「最後の調停者」ないしは「裁定者」としての役割を担いうるだけの権威を、天皇という存在は歴史的に育んできたともいえるのです。

保阪　終戦時における昭和天皇の聖断も同様ですね。私なりに言えることは、天皇が「調停者」としての力を発揮するためには、幾つかの条件があるのではないか、ということです。まず、時の政治権力とある程度距離を置いた存在でなくてはならないこと、無私公正の立場を貫いていること。

山折　そして、日本の文化的・精神的伝統を深く理解し、その体現者たろうと心掛けていることでしょう。いずれにせよ、そのとき皇室のあり方と、それを受け入れる国民の姿勢が問われることは間違いありません。

山折哲雄（やまおりてつお）

一九三一年生。東北大学大学院文学研究科博士課程単位取得退学。宗教学者。評論家。

国際日本文化研究センター名誉教授、国立歴史民俗博物館名誉教授。

『愛欲の精神史』で和辻哲郎文化賞（二〇〇二）、南方熊楠賞（二〇一〇）など受賞。

主な著書に

『愛欲の精神史』小学館　二〇〇一／角川ソフィア文庫全3巻　二〇一〇

『わたしが死について語るなら』ポプラ社　二〇一〇　のち新書

『「始末」ということ』角川oneテーマ21　二〇一一

『髑髏となってもかまわない』新潮選書　二〇一二

『わが人生の三原則―こころを見つめる』中央公論新社　二〇一三

『危機と日本人』日本経済新聞出版社　二〇一三　他多数。

岩井克己（いわいかつみ）
一九四七年生。ジャーナリスト。七一年朝日新聞社入社。九四年から二〇一二年五月まで朝日新聞編集委員。皇室担当編集委員として数々のスクープを世に送った。〇五年、「紀宮さま婚約内定」の特報で新聞協会賞受賞。著書に『侍従長の遺言』（朝日新聞社）『天皇家の宿題』（朝日新書）など。

保阪正康（ほさかまさやす）
一九三九年北海道生。同志社大学文学部卒。ノンフィクション作家。「昭和史を語り継ぐ会」を主宰し、『昭和史講座』を刊行している。昭和史研究の第一人者として二〇〇四年、第五二回菊池寛賞を受賞。著書に『昭和史　七つの謎』（講談社文庫）『歴史でたどる領土問題の真実』（朝日新書）『昭和史の大河を往く』1「靖国という悩み」、2「国会が死んだ日」、3「昭和天皇、敗戦からの戦い」（中公文庫）他多数。

本書は二〇一〇年日本文芸社から刊行された『天皇の宮中祭祀と日本人』に加筆訂正したものです

第四章の対談は左記二誌より転載させていただきました。
秋深まる京都で考えた「天皇家の危機」　『週刊朝日』二〇一二年一一月二三日号
私はなぜ皇太子ご退位論を書いたのか　『文藝春秋』二〇一三年五月号

天皇《てんのう》と日本人《にほんじん》

「皇室の危機」の本質はどこにあるのか

二〇一四年一月一日　第一刷発行

著　者　山折哲雄《やまおりてつお》

発行者　佐藤　靖

発行者　大和書房《だいわ》
東京都文京区関口一―三三―四　〒一一二―〇〇一四
電話番号　〇三―三二〇三―四五一一

本文印刷　信毎書籍印刷

カバー印刷　歩プロセス

製本所　小泉製本

装　丁　水戸部　功

JASRAC 出1314826-301

ISBN978-4-479-84079-4

http://www.daiwashobo.co.jp